国谷裕子と考える

SDGsと食料危機

3 身近な地域から取り組む食料問題

監修
国谷裕子

もくじ

4 つくる人と食べる人をわけない

はじめのマンガ

お肉を生産するには、その何倍もの水や穀物《こくもつ》が必要だって学習したよね
パリ ポリ
ポテト
食料危機《きき》を防《ふせ》ぐためには、お肉を食べる量を減《へ》らしたほうがいいのかな？
それで今日はポテチ食べてるの？ そうだよ。とくに You は減《へ》らさなきゃ
ポテト
でも、僕《ぼく》一人でやって意味あるのかな？
なにいってるの！ みんなでやれば効果《こうか》があるはずでしょ
そうだよね。自分がお肉を食べる量を減《へ》らしても、食料危機《きき》を防《ふせ》げるかピンとこないよね
あ、国谷さん！
『プラネタリーヘルスダイエット』という、科学者たちが考えた地球全体で持続可能《かのう》な食事法があるの
The Planetary Health Diet
OIL
それによると、食事の半分は野菜と果物で、半分は穀物《こくもつ》、植物性《しょくぶつせい》タンパク質《しつ》にして、お肉は現在《げんざい》の半分以下に減《へ》らすの
お肉、半分しか食べちゃいけないの？
ハンバーグと唐揚《からあ》げ両方じゃなくて１つを選ばなきゃいけないの？
できないよ！
想像《そうぞう》すると、さみしい気がするのはたしかだね
そうね。食べたいものが食べられないのは想像《そうぞう》するだけでもつらいことよね
コク コク
食べたいものをがまんするのは続かないし、無理だと思う
え！でも
がまんじゃなくて、「おいしい」とか「楽しい」ということがなければできないと思う
それに、たんにお肉を食べる量を減《へ》らせばいい、ということじゃないと思うの
どういうことですか？

今の農業やフードシステムのあり方から
考えなおす必要があると思うの。
「近代農業」はさまざまな問題を抱《かか》えていて、
いろいろな矛盾《むじゅん》が出てきているの
市場で価格《かかく》が暴落《ぼうらく》するのを
ふせぐために、作物を大量
に廃棄《はいき》することも
流通のための規格《きかく》に合
わないものが廃棄《はいき》され
ることも
肥料《ひりょう》や農薬の原料のほとんどを輸入《ゆにゅう》
にたよっている
畜産業《ちくさんぎょう》の飼料《しりょう》の原料のほと
んどを輸入《ゆにゅう》に頼《たよ》っている
輸入
尿素
だから原料が輸入《ゆにゅう》できなくなったり
価格《かかく》が上がったりすると
困《こま》ってしまう
病気の発生で、何十万、何百万の
家畜《かちく》が殺処分《さつしょぶん》されることも
そんなにいろんな
問題があるんだ
効率《こうりつ》を優先《ゆうせん》した結果、原料の確保《かくほ》に不安が
あったり、作物の大量廃棄《はいき》や、家畜《かちく》の大量
殺処分《さつしょぶん》が起きたりしているの
効率《こうりつ》のためにそんなことが
起きているなんて、矛盾《むじゅん》してる
単一の品種を大量に栽培《さいばい》していたために
病気が広がって、その品種のジャガイモや
バナナが全滅《ぜんめつ》したこともあったの
また、輸出《ゆしゅつ》用作物を栽培《さいばい》して、主食の
作物を輸入《ゆにゅう》している国で、金融危機《きんゆうきき》のとき
価格《かかく》が高くなって食べものが買えない、
ということも起きたの
ぜったい
おかしい！

近代農業は収穫量《しゅうかくりょう》を増《ふ》やそうと研究されてきて、うまくいった面もあるけど、今、方向転換《ほうこうてんかん》が必要になっているの
方向転換《ほうこうてんかん》ってどういうことですか？
国連や日本政府《せいふ》も進めようとしているのが、「有機農業」なの
うちに届《とど》く生協の野菜で「有機」って書いてあるのがあるよ。それのことですか？
有機
そうよ。有機農業は循環型《じゅんかんがた》で自然環境《かんきょう》にあたえる負荷が少ない、持続可能《かのう》な農業なの
「持続可能《かのう》」は大事なキーワードだよね
肥料《ひりょう》は家畜《かちく》の糞《ふん》や野菜くずなどから堆肥《たいひ》をつくったり、近くにある資源《しげん》を活用したりするの。資源《しげん》が地域《ちいき》の中で循環《じゅんかん》するから、海外の原料に頼《たよ》らなくていいの
糞
野菜くず
堆肥
農薬はできるだけ使わないから、農地で多様な生物による生態系《せいたいけい》がつくられるの
そして、有機農法で栽培《さいばい》された作物は、栄養が豊富《ほうふ》なの！
有機農家さんのところに農業体験に行ったことある！畑でとったトウモロコシがつやつやでびっくりした！
いいことばっかじゃん！
農薬を使わないから草取りに手間がかかるし、有機農業に適《てき》した土づくりは数年単位の時間がかかる。収穫量《しゅうかくりょう》も減《へ》るので、すぐに転換《てんかん》できるものではないの
それでも、有機農業に挑戦《ちょうせん》する人も多いし、有機農業を選んで農業を始める若《わか》い人も増《ふ》えてるのよ
かっこいい
ただし、食料危機《きき》を防《ふせ》ごうとするなら、有機農業にすればいいというわけでもないと思うの
まだなにか、あるんですか？

フードシステム全体のあり方を考え直す必要があると思うの
フードシステム？
そのポテトチップスはどこで買ったの？
ポテトチップ
コンビニだけど…
コンビニにならぶまえのこと――ジャガイモがポテトチップスになってお店に運ばれるまでのことは、買う人にはわからないでしょ？
米
製菓
塩
油
コンビニエンス
農家にとっても、出荷したあとのことはわからないの
でも、今、それだけではダメなんじゃないかと考える人たちが、直接《ちょくせつ》顔の見える関係をつくったりし始めてるの
より安全な農法で、食べる人が見える農業をしたい人、そういう作物を食べたい人がどちらも増《ふ》えてるの。そして一緒《いっしょ》に作業したりして、「売る」「買う」だけじゃない関係をつくっているの
農家さんと食べる人のしたいことが同じなんだね
そのとおり。農家と食べる人が同じ価値観《かちかん》でつながっているの。そして、そういう関係は、おいしいものを中心にして楽しいことでもあるのよ
お肉食べるのがまんするのは無理とか、有機農業に変えるだけじゃないって、そういうことなの
おいしいもの食べたい！
わたし、野菜づくりに挑戦《ちょうせん》したい！

プラネタリーヘルスダイエット

「ダイエット」というと、やせるための食事法と思うかもしれませんが、そうではありません。プラネタリーヘルスダイエットとは、地球全体で持続可能《かのう》な食事のあり方のことです。世界16か国37人の環境《かんきょう》や経済《けいざい》などさまざまな分野の研究者が意見を出し合い、「地球の健康によい（=プラネタリーヘルス）食事法（=ダイエット）」を世界に向けて提言《ていげん》しました。2019年に「イートランセット報告《ほうこく》」の中で発表されました。この食事法では人間一人ひとりの健康は、生態系《せいたいけい》や自然の中の一部として考えられています。

2050年には、世界の人口が100億人を超《こ》えると予測《よそく》され、今の食生活、食料システムをつづけていては、地球環境が大きく損《そこ》なわれ、飢餓《きが》が増《ふ》えると予想されています。そうした中、2050年になっても、人と地球が健康を保《たも》っていられる、100億人に食料を供給《きょうきゅう》するための食生活として提言されました。

地球の健康によい（=プラネタリーヘルス）食事法（ダイエット）

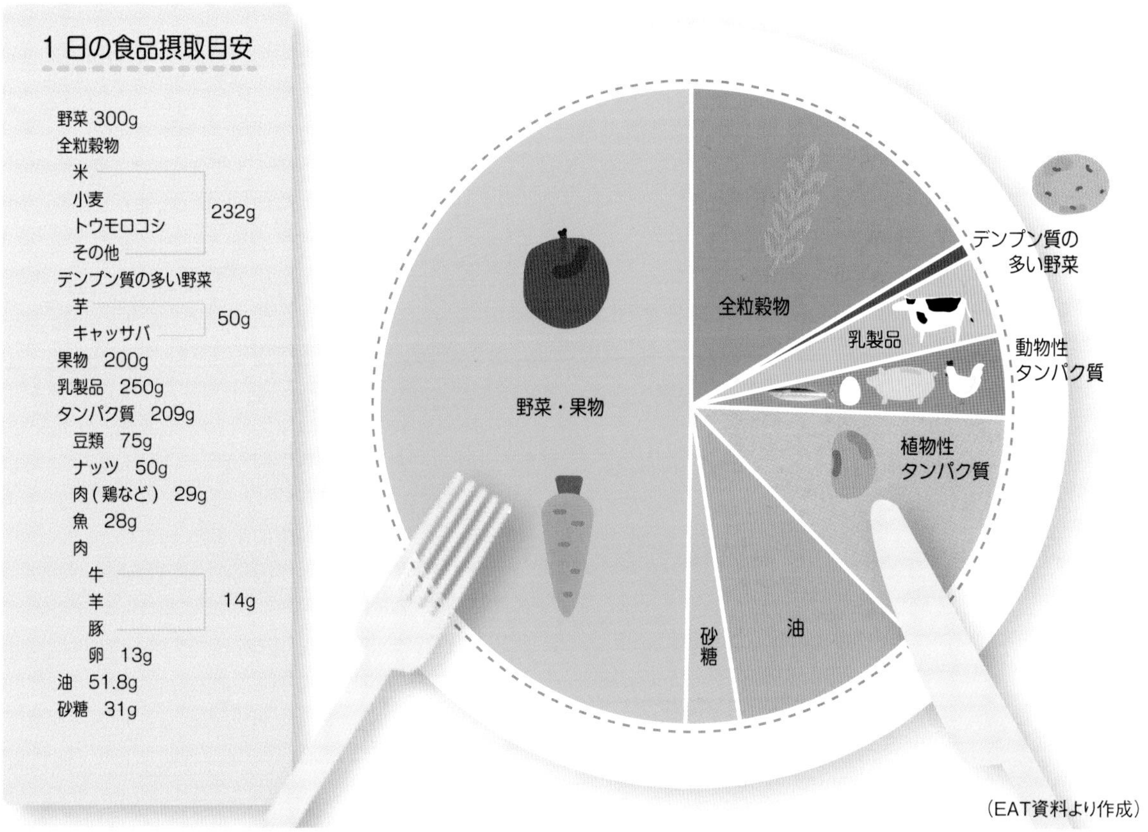

（EAT資料より作成）

プラネタリーヘルスダイエットでは、肉などの動物性《どうぶつせい》食品や精製《せいせい》した砂糖《さとう》の摂取量《せっしゅりょう》を減《へ》らし、その代わりに精製していない穀物《こくもつ》や野菜、果物、ナッツ、きのこ類をとることをすすめています。皿の半分は野菜と果物で満たし、残りの半分に玄《げん》米《まい》や全粒《ぜんりゅう》小麦やトウモロコシなどの穀物、植物性《しょくぶつせい》タンパク質《しつ》を中心にとる食事です。1日の摂取目安は重さ（g）で示されています。

農林水産省によると、肉を生産するには、その何倍もの穀物や水が必要です。たとえばトウモロコシ換算《かんさん》で牛肉1kgの生産に必要な量は11kg、豚《ぶた》肉《にく》は6kg、とり肉では4kg。肉を食べる量を減らすことで、家畜でなく、人が食べる穀物の生産農地を増《ふ》やすことができます。また、家畜(牛)の数が減ることで、牛のゲップにふくまれるメタンガスが削減《さくげん》されて、地球温暖《おんだん》化《か》防《ぼう》止《し》に役立ちます。

●肉などを半分に、野菜、果物、豆、ナッツを2倍に

イートランセット報告《ほうこく》によると、現在《げんざい》の裕福《ゆうふく》な国の食事は、肉やイモなどのデンプン質《しつ》の多い野菜、卵《たまご》が多い状態《じょうたい》です。果物、野菜、豆類、ナッツ類などの健康的な食品の消費《しょうひ》を2倍以上に増《ふ》やし、砂糖《さとう》や赤身肉などの食品の消費を50%以上削減《さくげん》することが必要だとしています。

ただし、世界には牧畜《ぼくちく》で生活をしている人びともいます。また、植物性《しょくぶつせい》食品だけで十分な量の微《び》量栄養素《りょうえいようそ》を摂取《せっしゅ》することはむずかしいこともあり、動物性食品をどの程度《ていど》食べるのかは、それぞれの地域《ちいき》で慎重《しんちょう》に検討《けんとう》されなければならない、ともしています。

●日本で考えるとどうなる？

農林水産省によると、2021年の日本での牛肉、豚肉《ぶたにく》、とり肉合計の1人あたりの年間消費量《しょうひりょう》は33.8kgです。プラネタリーヘルスダイエットの摂取《せっしゅ》目安では年間15.7kgになりますから、２分の１程度《ていど》に減《へ》らす必要がある計算です。

たとえば、普段《ふだん》の食事で考えてみると、ごはんと納豆《なっとう》とみそ汁《しる》ならば、プラネタリーヘルスダイエットの内容《ないよう》に近い食事です。

また、動物を食べてはいけない仏教《ぶっきょう》の戒律《かいりつ》を守る食事として、日本には昔から「精進《しょうじん》料理」があります。穀物《こくもつ》や野菜、豆類や海藻《かいそう》などの植物性《しょくぶつせい》の食材のみでつくった料理です。タンパク質《しつ》を動物性ではなく植物性の食材でとる精進料理は、プラネタリーヘルスダイエットの食べ方を考える上で参考にできるでしょう。

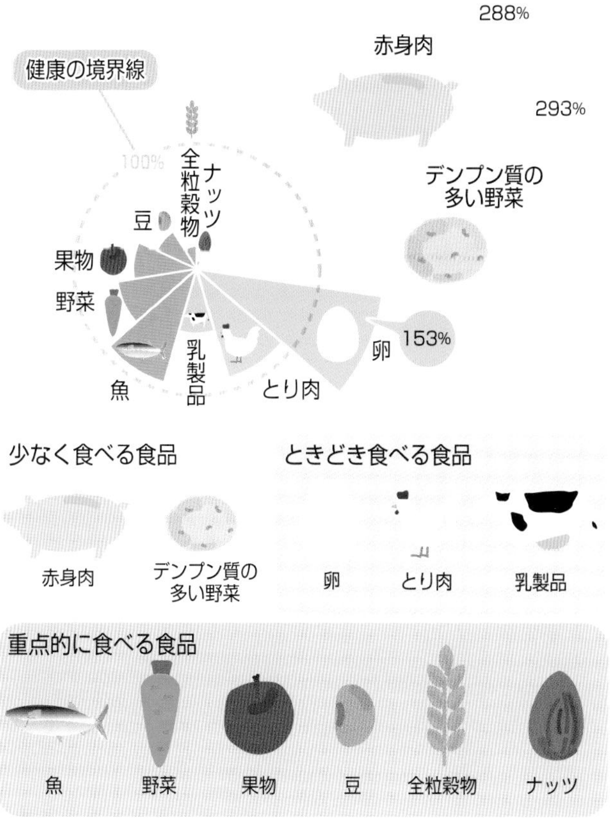

（EAT資料より作成）

プラネタリーヘルスダイエットを実現《じつげん》するために、「少なく食べる食品」「ときどき食べる食品」「重点的に食べる食品」が示《しめ》されています。ごはん・納豆《なっとう》・みそ汁《しる》は穀類《こくるい》、大豆、野菜と、「重点的に食べる食品」でつくれるメニューです。タンパク質《しつ》は大豆からとります。

プラネタリーヘルスダイエットでは、精製《せいせい》されていない全粒穀物《ぜんりゅうこくもつ》(米なら玄米《げんまい》) を推奨《すいしょう》しています。白米は精製された米です。ごはんを玄米にすると栄養価《えいようか》も高くなります。玄米をたくのがむずかしい場合は、白米や胚芽米《はいがまい》に雑穀《ざっこく》を入れるとプラネタリーヘルスダイエットに近づけることができます。(→28〜29ページ)

学校給食から食べ方と農業を変える！

(写真提供:いすみ市)

有機米を利用した千葉県いすみ市の小学校の給食

有機水田での農業体験（いすみ市）　(写真提供:いすみ市)

日本では有機（オーガニック）農産物の生産はまだ多くありませんが、今、全国各地で給食に有機農産物を取り入れる動きが広がっています。

「子どもたちに地元でつくられた安全なものを食べてほしい」という保護者《ほごしゃ》や生産者たちが活動を始めたり、有機農業で地域《ちいき》を元気にしようという市町村（行政《ぎょうせい》）が先頭に立って取り組んだりする場合など、さまざまな形ですすめられています。情報《じょうほう》をまとめている団体《だんたい》「オーガニック給食マップ」（→11ページ）によると、全国で60以上の地域で取り組まれています。

給食の材料すべてを有機食材にするのは簡単《かんたん》ではありませんが、各地で少しずつ有機食材が取り入れられています。

給食は地域の子どもたちがみんなで食べる食事です。新鮮《しんせん》で体にいいものを食べて子どもたちが元気になるのはもちろん、その地域で有機農業に取り組んでいく力となって、地域の農業のあり方が変わっていくことにもつながっています。

●有機米100％を実現（千葉県いすみ市）

千葉県いすみ市では、2018年から市内のすべての市立小・中学校13校2300人の給食のごはんが市内でつくられた有機米です。野菜の約２割《わり》も有機野菜です。

いすみ市の有機米生産の推移《すいい》

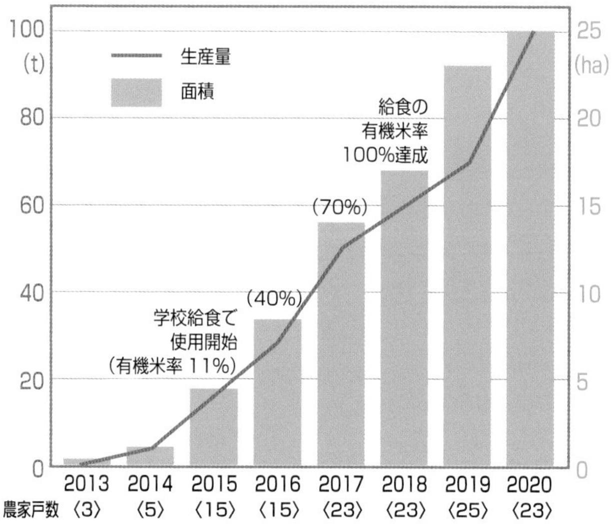

（いすみ市）

市は2013年に「自然と共生する里づくり」の一環《いっかん》として有機米の生産を市内の農家に働きかけました。当時、市内で有機農家はゼロでしたが、３人の農家が市の呼《よ》びかけに応《こた》えました。そこから始まった有機米づくり。2015年、そうして生まれたお米は「いすみっこ」と名付けられました。

この年から給食への導入《どうにゅう》がはじまりました。最初は11％でしたが、「いすみっこ」の生産量がどんどん増《ふ》えて、2018年には市内のすべての学校給食に必要な42トンを生産できるようになり、100％を達成しました。

●市が堆肥《たいひ》づくりから取り組む（大分県臼杵《うすき》市）

臼杵《うすき》市では、給食に新鮮《しんせん》で安全な食材を使うために、2000年に「給食畑の野菜」をスタートさせました。地元の生産者が最小限《さいしょうげん》の農薬を使用して栽培《さいばい》した野菜を給食に供給《きょうきゅう》しています。2010年には「臼杵市土づくりセンター」を開設《かいせつ》して、草木類8割《わり》、豚糞《とんぷん》2割を発酵《はっこう》させる「うすき夢堆《ゆめたい》肥《ひ》」の製造《せいぞう》を開始。この堆肥などで土づくりを行い化学肥料《ひりょう》と農薬を使用しない畑を市が独自《どくじ》に認《にん》証《しょう》して、そこでつくられた農産物は「ほんまもん農産物」として市の内外で販売《はんばい》されたり学校給食で使用されたりしています。

2021年度の市内の小中学校の給食2800食の使用野菜総量《そうりょう》のうち36.2%が臼杵市産で、うち約11.4%が「ほんまもん農産物」、23.1%が「給食畑の野菜」です。市は、2024年までに「ほんまもん農産物」の割合《わりあい》を24%に増《ふ》やす目標を掲《かか》げています。

臼杵市の取り組みは「100年ごはん」（2014年、大林《おおばやし》千《ち》茱《ぐ》萸《み》監督《かんとく》）というドキュメンタリー映画《えいが》にもなりました。

●有機農産物と地産地消を進める（愛媛県今治《いまばり》市）

今治《いまばり》市の立花《たちばな》地区では、「自分たちがつくった安全な食べ物を子や孫に食べさせたい」と、1983年から校区で生産された有機農産物の学校給食での使用が始まりました。現在《げんざい》は3つの小学校において、給食に使う野菜の36.7%が地元の有機野菜です。

今治市全体では、小中学校および高等学校44校の12000食の給食を21の調理場で調理しています。調理場ごとの献立《こんだて》のため、それぞれの調理場で必要な量は少なく、いろいろな地元産の食材が導入《どうにゅう》されています。米は農薬、化学肥料《ひりょう》を半分以上減《へ》らした特別栽培米《さいばいまい》です。パンの原料の小麦は、ほぼ100%今治産を使っています。また、「豆腐《とうふ》の日」を設定《せってい》して地元の豆腐製造《せいぞう》業者に今治産の大豆で豆腐をつくってもらっています。

オーガニック給食マップ

▲臼杵《うすき》市のある日の給食

（オーガニック給食マップのウェブサイトより作成）

臼杵《うすき》市土づくりセンター

（写真提供:臼杵市）

小麦畑（今治《いまばり》市）

今治《いまばり》市の給食のパンはほぼ100%市内産の小麦からつくられています。

（写真提供:今治市）

自給率《じきゅうりつ》ほぼ100%のお米を食べよう

　食料自給率《じきゅうりつ》の低い日本でほぼ100%自給しているのが、主食である米です。農林水産省によると、米の1人あたりの年間消費量《しょうひりょう》は、1962年度には118kgでしたが、2020年度は50.8kgと半分以下に減《へ》っています。1世帯あたりの年間支出金額《ししゅつきんがく》では、2014年以降《いこう》はパンのほうが上回るようになりました。

　主食用の米の需要《じゅよう》が減り続けていることにともない、稲《いね》の作付け面積も、2002年は168万haでしたが、2021年は140万haに減りました。米をもっと食べて農家が米の生産を続けられるようにならなければ、日本の米の生産能力《のうりょく》も下がってしまいます。

契約《けいやく》米農家たちは、それぞれにこだわりの農法で自慢《じまん》の米を育てています。稲《いね》を傷《いた》めないために、手作業で草取りをする農家も（下）。

ぎっしり根が伸《の》びている稲《いね》の苗《なえ》

●日本の農業に貢献《こうけん》するおむすびチェーン

　首都圏《しゅとけん》を中心にチェーン店を展開《てんかい》している「おむすび権米衛《ごんべい》」は、「米の消費《しょうひ》を増《ふ》やして日本の農業に貢献《こうけん》する」ことを目標にしています。すべての米は、化学肥料《ひりょう》や農薬の使用を少なくして環境《かんきょう》への影響《えいきょう》を減《へ》らした環境保全型《ほぜんがた》の農法で栽培《さいばい》する生産者と直接契約《ちょくせつけいやく》して買っています。

　農林水産省の調査《ちょうさ》によると、2020年の60kgあたりの農家の生産費《せいさんひ》は15046円でしたが、農協などが出荷する際《さい》の価格《かかく》は2020年産は14529円でした。これでは赤字になり、米づくりを続けるのは困難《こんなん》です。おむすび権米衛では、農家が持続可能《かのう》な価格で買い取る契約をしています。

　現在《げんざい》、おむすび権米衛では、1年間に約1000トンの米を買っていて、これは、約186haの水田の生産量に相当します。店舗《てんぽ》と契約農家を増やして400haの水田を維持《いじ》していくことを目標にしています。

白米（左）と玄米《げんまい》（右）のおむすび。おむすび権米衛《ごんべい》では、栄養豊富《ほうふ》な玄米（→ 28 ページ）も食べてほしいと玄米のおむすびも販売《はんばい》しています。

●田んぼとつながっている店

　おむすび権米衛《ごんべい》では、店ごとに契約《けいやく》農家が決まっていて、米は直接《ちょくせつ》それぞれの店に届《とど》けられます。農家は、自分がつくった米がどこでどんなふうに食べられているかが分かり、おむすびを食べる人も、どの地域《ちいき》でどんな人がどんな思いでつくった米なのかを知ることができます。いわば田んぼとつながった店です。また、おむすび権米衛で働く社員やアルバイト全員が、田植えや稲刈《いねか》りなどの体験に行き、米の生産現場《げんば》を知り、契約農家とのつながりを持っています。

従業員の稲刈《いねか》り研修《けんしゅう》

（写真提供:株式会社イワイ）

●ごはんの給食で農業が元気に

主食がごはんの給食は好きですか？　現在《げんざい》、給食を実施《じっし》している全国の国公私立《しりつ》学校のほぼすべてがごはんの給食＝米食給食を導入《どうにゅう》しています。ごはんの給食が始まったのは1970年代でした。

1945年の第二次世界大戦敗戦後には、ユニセフ（国際連合児童基金《こくさいれんごうじどうききん》）から寄贈《きぞう》された脱脂粉乳《だっしふんにゅう》とアメリカから寄贈された小麦粉《こむぎこ》を使った、ミルクとパンの給食が始まりました。

1970年ごろに米の生産量が消費量《しょうひりょう》より多くなり、1976年から米食給食が本格《ほんかく》的に開始されました。今では、その地元で生産された米を使うところが増《ふ》えています。給食で子どもたちが食べてくれることが、生産者のやる気につながり、地域《ちいき》の農業を元気にしているところも少なくありません（→10ページ）。

新しい米の食べ方　米粉製品《こめこせいひん》

食生活の中でごはんを食べる機会が減《へ》り、米の消費量《しょうひりょう》が少なくなっていますが、これからは、米粉《こめこ》でつくられたパンやお菓子《かし》、ラーメンとして米を食べる機会が増《ふ》えるかもしれません。

米粉は古くからせんべいなどの米菓《べいか》や和菓子《わがし》に使われてきました。最近では、さまざまな使い道に適《てき》した米粉が開発されています。小麦にアレルギーのある人も食べられることもあり、注目を集めています。

2017年には「日本米粉協会」が設立《せつりつ》されました。

世界的に小麦にふくまれるグルテンをふくまない「グルテンフリー」の食品が健康食品として需要《じゅよう》が高まっているため、「ノングルテン米粉」の認証《にんしょう》を始めています。

NON-GLUTEN
ノングルテン
米粉使用
日本米粉協会
Japan Rice Flour
Assoc.

●飼料用米《しりょうようまい》で自給率《じきゅうりつ》を上げて肉を生産する

主食用の米の作付け面積は2012年に152.4万haが2021年に130.3万haに減《へ》っているのに対して、飼料用米《しりょうようまい》の作付け面積は2012年に3.5万haだったのが、2021年は11.6万haに増《ふ》えています。

豚《ぶた》の飼料のほとんどは輸入《ゆにゅう》されたトウモロコシや穀類《こくるい》、大豆かすなどです。山形県に本社を置く平田牧場では、米の生産者と協力して、1997年から豚の飼料に飼料用米を配合しています。近年、輸入の飼料用トウモロコシの価格《かかく》が高くなり、2021年からは輸送《ゆそう》の燃料費《ねんりょうひ》も値上《ねあ》がりしています。平田牧場の北海道の農場では、飼料用米の割合《わりあい》を段階《だんかい》的に増やしています。2005年は1頭あたり19kgでしたが、現在《げんざい》は道内で生産された飼料用米124kgをあたえています。

（写真提供:平田牧場）

主食用と飼料用《しりょうよう》の作付け面積

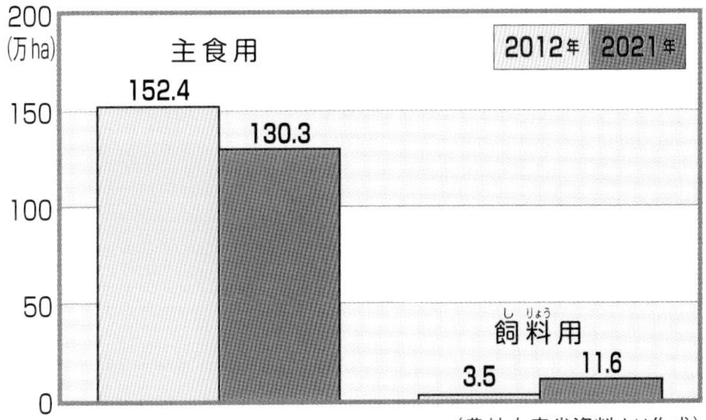

（農林水産省資料より作成）

子どもの命を優先《ゆうせん》する韓国《かんこく》の給食

韓国《かんこく》では、持続可能《かのう》な方法で栽培《さいばい》された農産物が学校給食に使われています。「給食は教育の一部」という考えから、費用《ひよう》は国や自治体の税金《ぜいきん》でまかなわれています。ソウル特別市（ソウル市）では、市内の自治区（区）と地方の自治体が協定を結んで、良質《りょうしつ》な食材を取りよせて保育園《ほいくえん》などの給食で使う取り組みが進んでいます。これらについて、慶熙《キョンヒ》大学教授の姜乃榮《カンネヨン》さんに教えてもらいました。

姜乃榮《カンネヨン》さん

親環境無償給食《しんかんきょうむしょう》は全国すべての小中高校で実施《じっし》されています。

●持続可能《かのう》な給食「親環境無償給食《しんかんきょうむしょう》」

「親環境無償給食《しんかんきょうむしょう》」の「親」とは「親しい」という意味です。農薬や化学肥料《ひりょう》などを使わない、環境《かんきょう》にやさしい栽培《さいばい》方法でつくられた食材が給食で使われています。

始まりは2000年代初めに保護者《ほごしゃ》たちが起こした「学校給食を健全に！」という運動でした。同じ時期に農家たちが、「学校給食に地域《ちいき》産の農産物を！」という運動を起こしました。保護者と農家は一緒《いっしょ》になって、「子どもたちに健康を、われら農業に希望を」というキャッチフレーズで活動しました。その結果、2010年ごろから各地の市や区で、地元産で持続可能《かのう》な農産物を学校給食で使うことが条例《じょうれい》（自治体で定める法）で決められるようになりました。2022年には、全国の小中高すべての学校で「親環境無償給食」が実施《じっし》されています。

●子どもたちの命を優先《ゆうせん》する社会

学校給食は学校が直接運営《ちょくせつうんえい》しています。栄養士《えいようし》が献立《こんだて》を作成し、食材を発注します。自治体と国の機関である教育庁《きょういくちょう》がこれを支援《しえん》します。農産物の産地と学校のある自治体が連携《れんけい》して、安定して食材を提供《ていきょう》できるようにしています。

自治体で給食に持続可能《かのう》な農産物を使うことを条例《じょうれい》で定めて税金《ぜいきん》で費用《ひよう》を負担《ふたん》することは、社会が子どもたちに身体にいい給食を食べさせ、社会が子どもたちの命を優先《ゆうせん》しているということです。同時に、環境《かんきょう》と身体にいい農産物をつくる農家は安定した収入《しゅうにゅう》を得《え》られるようになりました。

●費用《ひよう》は税金《ぜいきん》で払《はら》う

ソウル市では2011年に始まり、2021年からはすべての幼稚園《ようちえん》、小学校、中学校、高校で「親環《しんかん》境無償給食《きょうむしょう》」が実施《じっし》されています。2021年度は、国公立、私立《しりつ》学校、特殊《とくしゅ》学校（特別支援学校《とくべつしえんがっこう》）など1348校83万5000人の児童・生徒が無償《むしょう》給食の対象《たいしょう》で、予算は7271億ウォン（約727.1億円）でした。30%をソウル市、20%を自治区、50%を教育庁《きょういくちょう》（国）が負担《ふたん》しています。

以前は、保護者《ほごしゃ》が給食費《きゅうしょくひ》を負担していましたが、「親環境無償給食」では、学校教育の一部として税金《ぜいきん》で費用《ひよう》を払《はら》っています。韓国《かんこく》の憲法《けんぽう》第31条《じょう》「義務《ぎむ》教育は無償とする」という規定《きてい》に基《もと》づいています。

ソウル市の無償《むしょう》給食予算

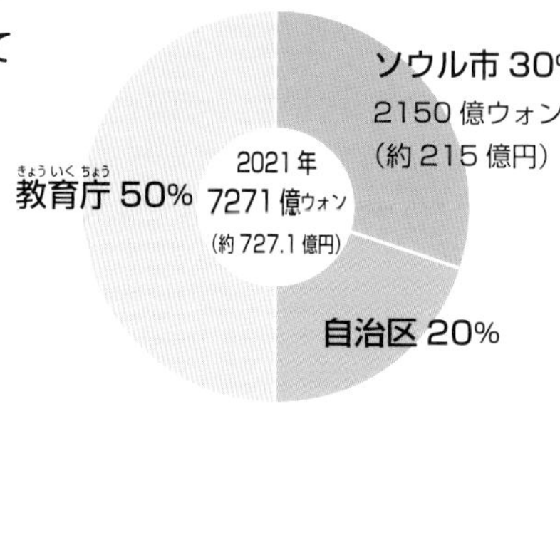

（写真提供:姜乃榮）

都市と農村が共生するソウル市の「フードプラン」

ソウル市ではさらに進めて、「公共給食」を支《ささ》えるために「フードプラン」をつくりました。公共給食とは、保育園《ほいくえん》や幼稚園《ようちえん》、福祉施設《ふくししせつ》の給食のことです。都市と農村が協力しあって、子どもたちに持続可能《かのう》で健康的な食材を届《とど》けるために、ソウル市内の各区と農村部の自治体が協定を結んで食材を直接《ちょくせつ》取引するしくみです。

この取り組みが評価《ひょうか》されて、2018年にソウル市と全羅北道《チョルラブクト》の完州《ワンジュ》郡が「ミラノ協定賞《しょう》」を受《じゅ》賞《しょう》しました。これは持続可能な都市の食料政策《せいさく》を進めるために、2015年に各国の市長が署名《しょめい》した「都市食料政策ミラノ協定」(2022年現在《げんざい》、250の都市が署名)が選ぶ賞です。

●1対1でお互《たが》いにとっていい関係

ソウル市は、公共給食を「都農相生《とのうそうせい》」という言葉で表しています。都市と農村が共に生きる関係を結ぶことで、お互《たが》いによりよく生きられるということです。市内の幼稚園《ようちえん》などは、健康的で安全な食材を一般《いっぱん》的な食材と同じくらいの価格《かかく》で安定して買うことができます。また農家は、計画的に生産し、適切《てきせつ》な価格で販売《はんばい》できます。市内の各区は食材の必要量を予想して産地に伝え、計画的に生産してもらい、できるかぎり廃棄《はいき》する農産物を減《へ》らして、環境《かんきょう》への悪影響《あくえいきょう》をおさえています。

ソウル市衿川《クムチョン》区が産地へ出かけて点検を行っているところです。

●持続可能《かのう》な農業が拡大《かくだい》

親環境無償《しんかんきょうむしょう》給食や「フードプラン」の取り組みにより、持続可能《かのう》な農法に変える農家も増《ふ》えています。韓国《かんこく》農林畜産部によると、2020年の親環境農産物の認証《にんしょう》面積は818274ha《ヘクタール》で農地全体の5.2%でした。また、親環境農産物・食品の市場規模《きぼ》は、2021年には2018年の約1.5倍の約1兆9千億ウォン(約1900億円)に成長、そのうち39%が学校給食です。

●「フードプラン」のしくみ

ソウル市内の自治区が、それぞれ農村の自治体と1対1で組んで、安全な食材を直接《ちょくせつ》取引しています。2017年にソウル市の江東《カンドン》区と全羅北道《チョルラブクト》の完州《ワンジュ》郡が最初に協定を結び、2021年には13の自治区が農村部の13の自治体とパートナーになっています。

フードプランでは、農家が出荷した農作物や畜《ちく》産物《さんぶつ》(農畜産物)は、産地の自治体とソウル市の自治区がそれぞれつくる給食センター2か所だけを経由《けいゆ》して学校に届《とど》きます。流通過程《かてい》が簡単《かんたん》になって流通費用《ひよう》が減《へ》りました。

ソウル市は、流通費用と安全検査《けんさ》費用を支援《しえん》しています。また、60%以上の食材を公共給食センターを通じて購入《こうにゅう》する施設《しせつ》には、一般《いっぱん》的な農産物との価格《かかく》の差額《さがく》を支援しています。2021年の事業費《じぎょうひ》は約102億ウォン(約10億円)でした。

都農相生《とのうそうせい》・公共調達システム

フードプランでは、ソウル市内の自治区と農村地域《ちいき》の自治体がそれぞれ1対1で産地協定を結んでいます。各区ではいつも決まった地域の農畜《のうちく》産物を公共給食に使います。

持続可能《かのう》な好循環《こうじゅんかん》の構造《こうぞう》

日本国内の食料事情《じじょう》

農林水産省が発表している2020年のカロリーベースの自給率《じきゅうりつ》（概算値《がいさんち》）で、もっとも自給率が高いのは北海道で217％です。100％を超《こ》えているのはいずれも東北に位置する県です。一方、10％に満たないのは東京都（0％）、大阪府（1％）、神奈川県（2％）です。

都道府県の食料自給率とともに、総人口《そうじんこう》、農業従事《じゅうじ》者の数、農地面積について、全国に占《し》める割合《わりあい》をグラフにして地図に配置しました。人口の多いところは自給率が低く、農地面積が大きいところは高い傾向《けいこう》がわかります。

都道府県の食料自給率《じきゅうりつ》

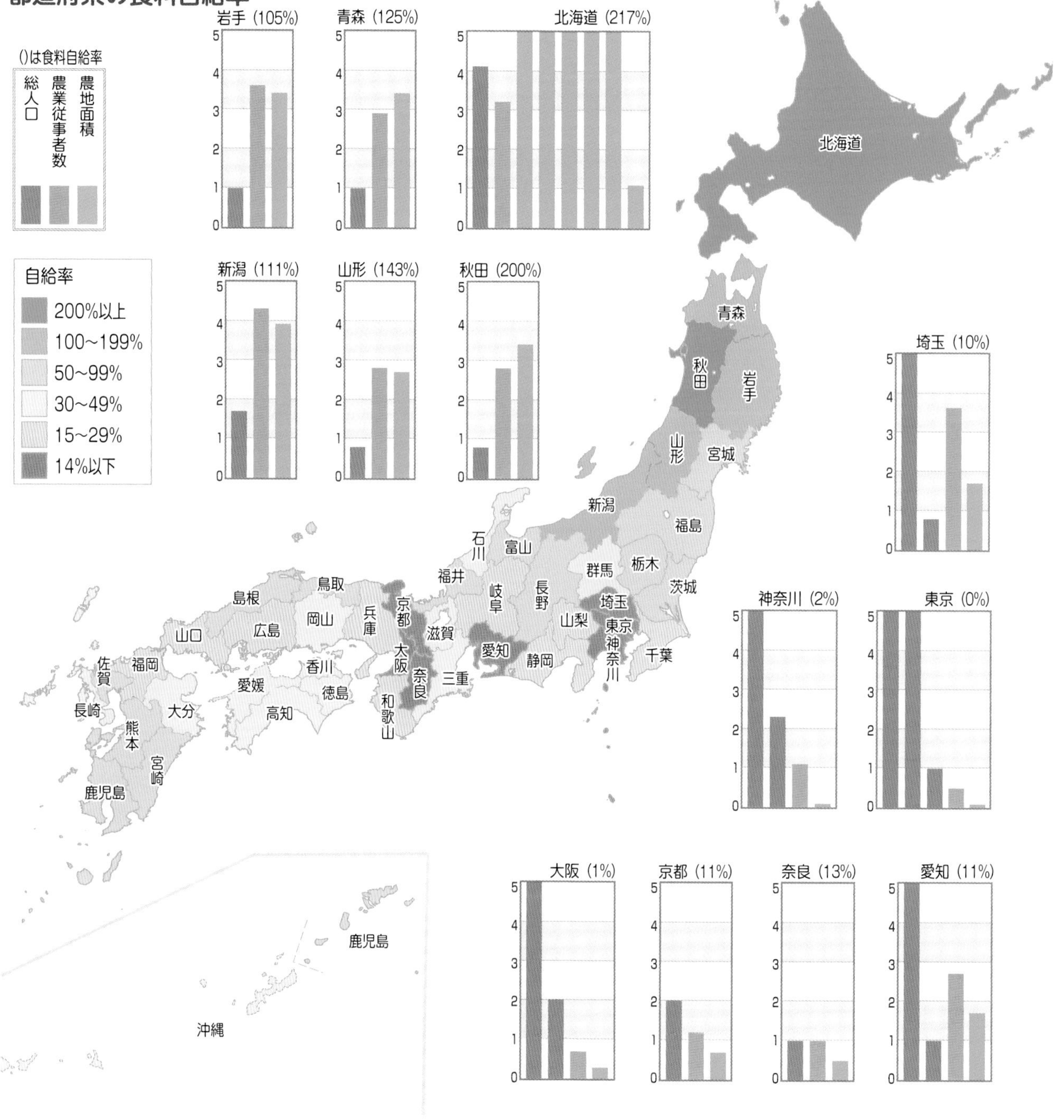

（農林水産省都道府県別食料自給率より作成）（カロリーベース、2020年概算値）

●日本国内で必要な食料生産はできない

政府《せいふ》は、日本の食料自給率《じきゅうりつ》が低い要因《よういん》として、肉や油を多くとる食生活に変化したこととともに、人口の増加《ぞうか》をあげています。2022年の日本の人口は1億2510万人。明治の初めの約3500万人と比《くら》べるとおよそ3.6倍です。

現在《げんざい》の食生活で、1人が１年に食べる食料をつくるために必要な農地面積は約11a（テニスコート４面分）ですが、国内の全農地面積437万haを人口で割《わ》ると1人あたりの農地面積は3.5aになります。必要な面積の３分の１程度《ていど》しかないため、政府は国内では今の食生活に必要な量の食料生産は不可能《かのう》だとしています。

●国内生産だけだとどうなる？

国内の農地を最大限《さいだいげん》活用するとどの程度《ていど》の食料が供給《きょうきゅう》できるのかについて、政府《せいふ》は試算しています。それが「食料自給力指標」です。今の食生活に近い、米や小麦を中心に野菜・果物なども作付ける場合と、イモ類を中心に作付けする場合の２つがあります。

米と小麦を中心にした場合、必要なカロリーの8割《わり》程度しか生産できません（肉や卵《たまご》、牛乳《ぎゅうにゅう》は1か月に数回程度）。イモ類中心の場合は、イモばかりの食事ながら、必要なカロリーを供給することが可能《かのう》だとしています。

食料安全保障《ほしょう》

「食料安全保障《ほしょう》」という考え方があります。国《こく》連食糧農業機関《れんしょくりょうのうぎょうきかん》（FAO）によると、「すべての人が、どんな時にも、活動的で健康的な生活に必要な食生活上のニーズと嗜好《しこう》（好み）を満たすために、十分で安全かつ栄養ある食料を、物理的、社会的、経済的《けいざいてき》にも入手可能《かのう》であるときに達成される状況《じょうきょう》」のことです。

2020年の日本全体の食料自給率《じきゅうりつ》は37％で、日本の食料の多くが海外で生産されたものです。食料をまったく輸入《ゆにゅう》できなくなることは、すぐには起きないかもしれませんが、想像《そうぞう》してみる必要はあります。日本の「食料安全保障」は保《たも》たれているのでしょうか。

●今の農業だと無理がある

「食料自給力指標」の計算では、肥料《ひりょう》、農薬、種子、農業機械を動かすための燃料《ねんりょう》などは十分な量が確保《かくほ》されていると仮定《かてい》しています。しかしながら現在《げんざい》は肥料や農薬の原料となる鉱物資源《こうぶつしげん》を輸入《ゆにゅう》しています。そして資源の減少《げんしょう》と2022年に起きたウクライナでの戦争で輸入価格《かかく》が急激《きゅうげき》に上がっています。今後も輸入しつづけるのはむずかしいかもしれません。燃料、種子もほとんどを輸入しています。

今の農業のやり方では、日本の食料供給《きょうきゅう》は十分にまかなえないと考えなければならなくなっているのです。そこで、注目を集めているのが有機農業（次のページ）です。

（農林水産省資料より作成）

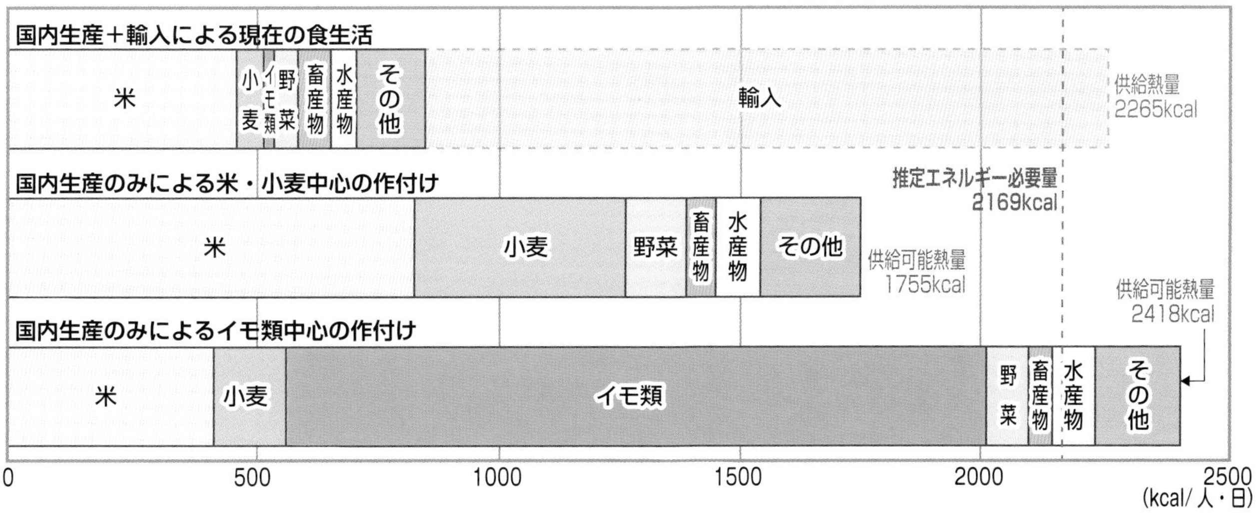

有機農業の力で農業と環境《かんきょう》を持続可能《かのう》に！

日本で2006年に施行《しこう》された「有機農業推進《すいしん》法《ほう》」では、化学肥料《ひりょう》と農薬を使用しないこと、遺《い》伝子組換え《でんしくみか》技術《ぎじゅつ》を利用しないことを基本《きほん》として、環境《かんきょう》への負荷をできる限り《かぎ》低減《ていげん》した農業を「有機農業」としています。

また、コーデックス委員会では、生物が循環《じゅんかん》して土壌《どじょう》に多様な生物が豊富《ほうふ》にいることなど、生態《せいたい》系《けい》の健全性《けんぜんせい》をうながして強化する全体的な生産管理システムだとしています。

つまり、有機農業で作物を生産することは、資《し》源《げん》を循環させ生物の多様性《たようせい》を持続可能《かのう》にするということです。有機農業はたんに作物を生産するというだけでなく、環境を守る働きもあるのです。

＊コーデックス委員会
消費者《しょうひしゃ》の健康の保護《ほご》、食品の公正な貿易《ぼうえき》の確保《かくほ》等を目的として、1963年に国連食糧農業機関《こくれんしょくりょうのうぎょうきかん》（FAO）と世界保健機関《せかいほけんきかん》（WHO）により設置《せっち》された国際的《こくさいてき》な政府《せいふ》間機関で、国際《こくさい》食品規格《きかく》の策定《さくてい》などを行っています。

資源《しげん》が循環《じゅんかん》する有機農業

有機農業では田んぼや畑に入れるのは、山林の落ち葉、家《か》畜《ちく》のふんなど、できるかぎりその地域《ちいき》にある自然資源《しげん》（有機物）にします。有機農業の田畑ではさまざまな生物（動植物や微生物《びせいぶつ》）が関係を保《たも》ちながら生きています。

●注目される有機農業

現在《げんざい》、日本で販売《はんばい》されている野菜のほとんどは「慣行栽培《かんこうさいばい》」と呼《よ》ばれる農法で栽培されています。各地の基準《きじゅん》に沿《そ》って農薬や化学肥料《ひりょう》を使う方法です。

戦後の食料不足から生産力を上げてきた日本の農業は、1960年代ごろから、機械化や農薬、化学肥料を使った「近代化」が進められてきました。野菜や果物は各地域《ちいき》の気候などの条件《じょうけん》にあった作物を大きな面積で1種類栽培して効率《こうりつ》を高め、発達してきた交通《こうつう》網《もう》を使って全国に運ぶようになりました。現在、肥料のほとんどを海外から輸入《ゆにゅう》しています。

ところが、近代農業は農地や水など環境《かんきょう》への影響《えいきょう》が少なくないことがわかってきました。また、最近は肥料がいつまで輸入できるのかということも心配されるようになりました。そこで、これからの持続可能《かのう》な農業として有機農業が注目を集めています。

ただし、有機《ゆうき》農業は慣行栽培に比《くら》べて収穫量《しゅうかくりょう》が少なく、農薬を使わないため草取りなど農作業の量が多くなります。農家の高齢化《こうれいか》が進む日本では広がりにくい面があります。また、現在は価格《かかく》も高く、有機野菜を選ぶ消費者《しょうひしゃ》も限《かぎ》られているのが現状《げんじょう》です。

●世界的に有機農業は少しずつ増《ふ》えている

スイス有機農業研究所と国際《こくさい》有機農業運動連盟《れんめい》（IFOAM→右下コラム参照《さんしょう》）によると、2019年、世界の有機農業の農地面積は7230万haで、全農地の1.5％です。1999年の6.6倍に増《ふ》えました。有機農産物の市場規模《きぼ》は2019年は1064億ユーロで2000年の７倍です。

2020年にEU（欧州連合《おうしゅうれんごう》）が発表したファーム・トゥ・フォーク（農場から食卓《フォーク》）戦略《せんりゃく》には、有機農業は環境《かんきょう》に優《やさ》しく、市場拡大《かくだい》や雇用創出《こようそうしゅつ》など発展《はってん》が見込《みこ》まれるとして、2030年までに全農地の少なくとも25％を有機農業とする目標がふくまれています。現在《げんざい》は農地面積全体からみれば、有機農業が行われている面積はわずかですが、今後有機農業の農地が増え、有機農産物の市場規模も大きくなると予想されています。

●日本でも、国が有機農業を進め始めた――みどりの食料システム戦略《せんりゃく》

日本でも有機農業が広がりつつあります。2020年では、有機農業が行われている面積は25200haで、2010年の1.5倍に増《ふ》えています。ただし、それでも全耕作《ぜんこうさく》面積の0.6％です。

これまで日本の有機農業は各地の個人《こじん》の農家による取り組みがほとんどでしたが、2021年、国（農林水産省）が発表した「みどりの食料システム戦略《せんりゃく》」には、2050年までに化学農薬の使用量を50％低減《ていげん》、化学肥料《ひりょう》の使用量を30％低減、耕地《こうち》面積に占《し》める有機農業の取り組み面積の割合《わりあい》を25％（100万ha）に拡大《かくだい》する目標がふくまれています。国が有機農業の拡大に向けた方針《ほうしん》をしめしたことで、今後、日本でも有機農業の取り組みが増えていくと予想されます。

世界の有機農業面積と有機市場の成長

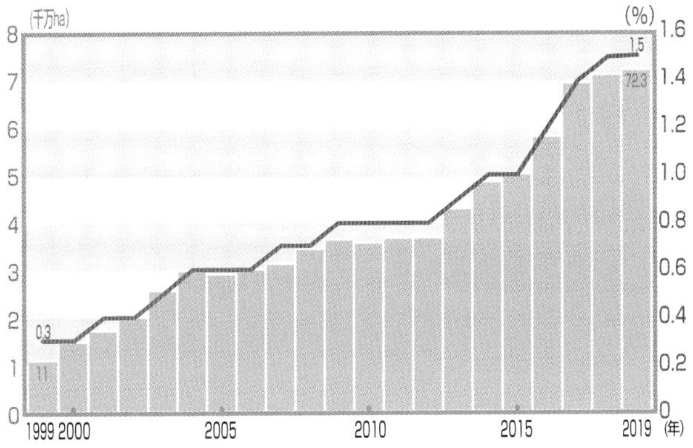

（FiBL&IFOAMの資料より作成）

日本の有機農業の取り組み面積の変化

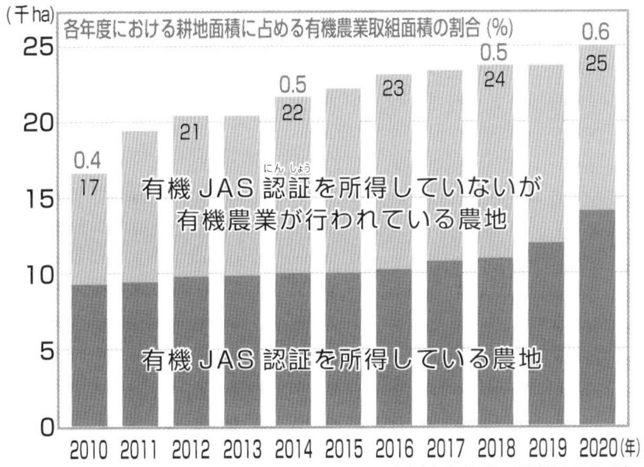

（農林水産省の資料より作成）

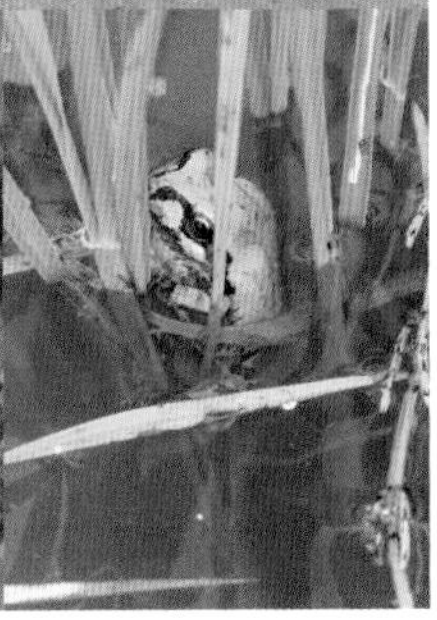

共通した部分が多い有機農業とSDGs

世界各地で有機農業を普及《ふきゅう》してきた国際《こくさい》有機農業運動連盟(IFOAM)は、2005年に有機農業の4つの原則《げんそく》として「健康」「生態系《せいたいけい》」「公正」「配慮《はいりょ》」をあげています。

健康：土、生き物、人、地球すべてが影響《えいきょう》しあっている。だから環境《かんきょう》が健康でなければならい。

生態系：生き物同士《どうし》がバランスをとっている生態系を壊《こわ》さない。

公正：つくる人も食べる人も、動物も有機農業にかかわるすべてが公正な関係で結ばれること。

配慮：生産性《せいさんせい》や効率《こうりつ》を優先《ゆうせん》するのでなく、だれかを傷《きず》つけない技術《ぎじゅつ》を使うこと。

このように、有機農業はSDGsで目指していることと共通している面が多くあります。

アグロエコロジーって、なに？

アグロエコロジー（agroecology）は「農業生態学《せいたいがく》」というように訳《やく》されます。有機農業のような、生態系《せいたいけい》に配慮《はいりょ》した農業のことだと思われがちですが、農業分野だけに限《かぎ》らない広い概念《がいねん》です。工業化された農業やフードシステムを見直して、持続可能《かのう》なフードシステムを目指す運動の中で発展《はってん》してきました。

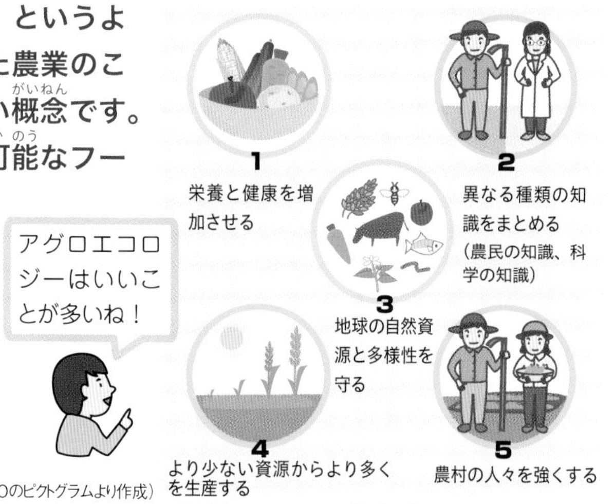

（FAOのピクトグラムより作成）

●国連食糧農業機関《こくれんしょくりょうのうぎょうきかん》（FAO）の方針《ほうしん》にも

2018年、FAOのジョゼ・グラジアノ・ダシルバ事務局長《じむきょくちょう》は、すべての人を養うのに十分な食料が世界で生産されているのに、8億人もの人が飢《う》えている状況《じょうきょう》について、現在《げんざい》行われている食料生産方法は世界の貧困層《ひんこんそう》に十分な食料の提供《ていきょう》ができていないとし、アグロエコロジーを普及《ふきゅう》することによって、持続可能《かのう》な食料・農業システムへと移行《いこう》すべきという方針《ほうしん》を出しました。以前から、「現状《げんじょう》の生産モデルのほとんどは、土壌《どじょう》の劣化《れっか》や生物多様性《せいぶつたようせい》の損失《そんしつ》を防《ふせ》げていない。わたしたちには発想の転換《てんかん》が必要である」と訴《うった》えていました。

●ラテンアメリカから始まった運動

ジャーナリストの印鑰智哉《いんやくともや》さんによると、アグロエコロジーは1980年代にラテンアメリカから始まりました。チリ出身の科学者が、先住民族のくらしや伝統的《でんとうてき》な農業の中から生産性《せいさんせい》と持続性《じぞくせい》をかねそなえた画期的な農法を見出して体系化《たいけいか》し、アグロエコロジーとして提唱《ていしょう》しました。ブラジルでは、有機農業と農地改革《かいかく》を結びつけて取り組む農業運動にかかわる人びとを通じて、アグロエコロジーが急速に広がりました。アグロエコロジーは科学であると同時に農業実践《じっせん》であり、生態系《せいたいけい》を守る食のシステムをつくりだす社会運動でもあります。

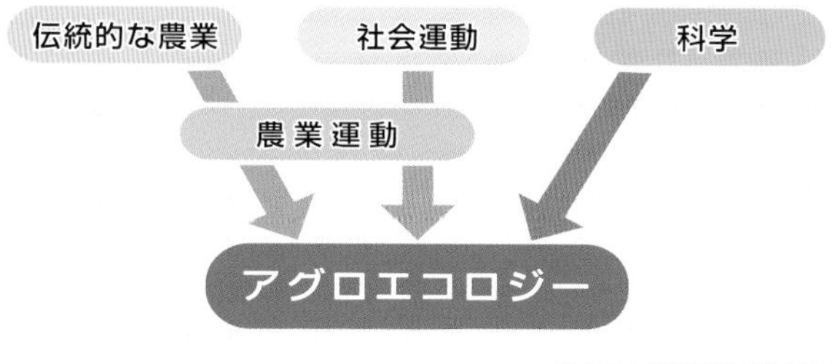

（写真・図版提供:印鑰智哉）

●生物の多様性《たようせい》を守って農薬が不要に

工業型《こうぎょうがた》の農業では生産効率《こうりつ》を上げるため少ない品種を大量生産します。1種類の作物が一面にある環境《かんきょう》は害虫や病原菌《びょうげんきん》が集まりやすい環境でもあり、よけいに農薬が必要になります。これに対して、アグロエコロジーは1つの地域《ちいき》で多様な作物を育て、異《こと》なる作物による輪作を行うので、多様な生物が共生できます。害虫や病原菌が大量発生しないので、農薬も必要なくなります。

●生態系《せいたいけい》の力を取り戻《もど》して環境《かんきょう》を回復《かいふく》する

本来、農業は植物と土壌微生物《どじょうびせいぶつ》の共生関係を活用するものです。植物は光合成によって炭水化物をつくり、微生物に分けあたえます。微生物は炭水化物をもらう代わりに植物にミネラルを提供《ていきょう》し、病原菌《びょうげんきん》から植物を守ります。工業型《こうぎょうがた》の農業はこの共生関係を化学肥料《ひりょう》に置きかえました。その結果、土壌は劣化《れっか》し、土壌に蓄積《ちくせき》されていた炭素《たんそ》は空中に放出され、気候変動が激化《げきか》しました。アグロエコロジーは本来の生態系《せいたいけい》の力を取り戻《もど》すことで、農薬にも化学肥料にも頼《たよ》らず、高い生産性《せいさんせい》と環境《かんきょう》の回復《かいふく》を可能《かのう》にします。

アグロエコロジーへの挑戦《ちょうせん》

福島県二本松《にほんまつ》市で代々《だいだい》農業を営《いとな》んできた根本敬《ねもとさとし》さんは、2020年に「あだたら食農School farm」を土壌《どじょう》生物研究者の金子信博《かねこのぶひろ》さん（福島大学）や仲間とともに始めました。参加者とともにアグロエコロジーを実践《じっせん》し、持続可能《かのう》な農業を目指しています。「あだたら」とは間近に見える安達太良《あだたら》山にちなみ、ロゴマークの縄文土器《じょうもんどき》は持続可能な社会を象徴《しょうちょう》しています。

●アグロエコロジーをともに学ぶ場

農場の用地には、長年作物が栽培《さいばい》されてこなかった「耕作放棄地《こうさくほうきち》」を借りました。会員制《かいいんせい》でだれでも参加でき、地元の有機農家が栽培の指導《しどう》をします。「あだたら食農School farm」では、持続可能《かのう》な農と食を自分たちで確《たし》かめること、先入観にとらわれず学び合うこと、自然のめぐみである土を生かす方法を一緒《いっしょ》に考えることをねらいとして掲《かか》げています。農場には有機栽培と、不耕起《ふこうき》栽培《さいばい》の区域《くいき》があり、両方で作物を栽培して比較《ひかく》と検証《けんしょう》をしながら風土に合った農法を探《さぐ》っています。不耕起栽培とは、深く耕《たがや》さず、土の表面をわらなどで覆《おお》う農法です。

●アグロエコロジーしかない！

「農薬や化学肥料《ひりょう》をこのまま使っていけば、農業が環境破壊《かんきょうはかい》産業になってしまう」と、根本さんは有機農業に取り組むようになりました。現在《げんざい》では根本さん自身の田んぼや畑すべてで農薬も化学肥料も使いません。有機農業は、作物を観察して自分で考えて育てるので楽しいといいます。

「農薬や化学肥料は簡単《かんたん》に手に入らなくなる。アグロエコロジーは外から持ってきたものを土地に入れるのではなく、その場所で循環《じゅんかん》させる、自然と対話する農業のあり方。これからはこの道しかない」と「あだたら食農School farm」でアグロエコロジーを実践《じっせん》する人を育てていく予定です。

（写真提供:あだたら食農School farm）

不耕起栽培《ふこうきさいばい》の大根畑。倒《たお》したライムギが土の表面を覆《おお》っています。

収穫《しゅうかく》した野菜は、農法や品種による違《ちが》いを比《くら》べます。

●原発事故《じこ》の被害《ひがい》を受けて

2011年３月11日の東日本大震災《ひがしにほんだいしんさい》の後、東京電力福島第一原子力発電所の事故《じこ》により放射性物質《ほうしゃせいぶっしつ》が非常《ひじょう》に広い範囲《はんい》に飛び散りました。根本さんは事故直後から、国と東京電力に責任《せきにん》をとるように求めてきました。これからも事故の責任を問い続けます。原発事故による「損傷《そんしょう》」をもとに戻《もど》すには気の遠くなる時間が必要です。根本さんは、原発事故による被害《ひがい》にあったことは、事故前に戻すのではなく、もっと根本的な問題から考えるきっかけになったといいます。

原発事故《じこ》後の福島の農産物

福島県は原発事故《じこ》のあと、農作物の放射能《ほうしゃのう》のぬき取り検査《けんさ》を実施《じっし》して結果をホームページで公開しています。2022年12月の時点でほとんどの農作物で「不検出《ふけんしゅつ》」になっていますが、検査は続けられています。

環境《かんきょう》保《ほ》全《ぜん》型《がた》農業《のうぎょう》を軸《じく》にまちづくり40年

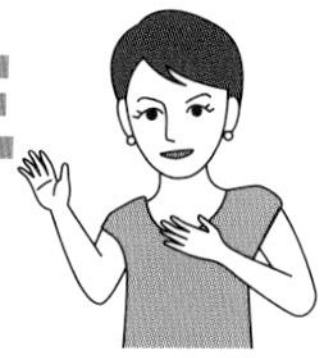

愛媛県西予《せいよ》市の明浜《あけはま》には、海を取《と》り囲《かこ》むように急な段々畑《だんだんばたけ》が広がっています。ここで、できるだけ農薬にたよらずに作物を育てて自然環境《かんきょう》と調和した「エコロジカルライフ」を求め、町づくりを目指しているのが「地域協同組合 無茶々園《むちゃちゃえん》」です。

1974年にみかんの有機栽培《さいばい》から始まった無茶々園は、「理想の農業に近付くためには食生活、健康、社会環境、教育に至《いた》るまで考える必要がある」と、まちづくり的な活動を広げてきました。現在《げんざい》では９つの組織《そしき》が関わって運営《うんえい》されています。

「農事組合法人 無茶々園」では、除草剤《じょそうざい》や化学肥料《ひりょう》は使用せず、農薬は少なく抑《おさ》えてみかんづくりをしています。こうして育てられた農産物は、「株式会社《かぶしきがいしゃ》地域法人　無茶々園」で販売《はんばい》しています。この会社では、みかんジュースやマーマレード、梅干《うめぼ》しなどのほか化粧品《けしょうひん》など、農産物をつかった加工品の開発と販売もしています。

●水産業者と連携《れんけい》して海の環境《かんきょう》を守る

山が直接《ちょくせつ》海につながる地形にある無茶々園《むちゃちゃえん》では、海の生産者と一緒《いっしょ》に海の環境《かんきょう》を守る取り組みをしています。地元のちりめん漁をする網元《あみもと》（船を所有して漁業を営《いとな》む）、真珠《しんじゅ》の生産会社（真珠はアコヤ貝を養殖《ようしょく》してつくられる）と連携《れんけい》して、ちりめんの販売《はんばい》、ワカメの植え付けなどを行い、海の緑化に取り組んでいます。

ベトナムでの挑戦《ちょうせん》

無茶々園《むちゃちゃえん》でも、人手不足から2000年以降《いこう》ベトナムやフィリピンの若者《わかもの》を農業技能実習生《ぎのうじっしゅうせい》として受け入れてきました。2008年には「技能実習生は農業技術《ぎじゅつ》などを身につけ、祖国《そこく》へ帰って生かされることに意義《いぎ》がある」と、ベトナムでの事業を立ちあげました。スタッフは地元の女性《じょせい》たちが中心で、コショウやカカオなどの生産と栽培《さいばい》管理や輸出《ゆしゅつ》を行っています。

●若者グループによる挑戦《ちょうせん》

無茶々園《むちゃちゃえん》の中の、全員が新たに農業を始めた若《わか》手《て》生産者グループ「てんぽ印」は、県内各地の農場で野菜や果樹《かじゅ》の栽培《さいばい》を行っています。新しいこと、無茶なことでも恐《おそ》れずにやってみようと、「先のことを考えずに行動する」という意味の地元の言葉「てんぽな」から名前をつけました。

地元の人たちと一緒《いっしょ》に地域《ちいき》を大切にしながら、生きていくための新しい農業を切りひらき、オーガニックが当たり前のくらしを目指しています。2019年には工場をつくり、農産物を乾燥《かんそう》加工する事業も始めました。天候に大きな影響《えいきょう》を受けない加工品の販売《はんばい》で農業経営《けいえい》を支《ささ》えています。

（写真提供:無茶々園）

移住《いじゅう》し農業を始める若者《わかもの》を支援《しえん》する町

九州のほぼ中心に位置する熊本県山都町《やまとちょう》は、標高300m～900mの準高冷地《じゅんこうれいち》です。早くから有機農業に取り組む農家の人たちがいて、有機農業を推進《すいしん》する団体《だんたい》や出荷団体が数多くあります。

そんな山都町でも人口減少《げんしょう》と高齢《こうれい》化が進んでいて、その対策《たいさく》の1つの柱として、町は2018年度に「農業研修制度《けんしゅうせいど》」をつくり、町内に移住《いじゅう》して農業を始める若《わか》い世代を支援《しえん》する体制《たいせい》を整えました。

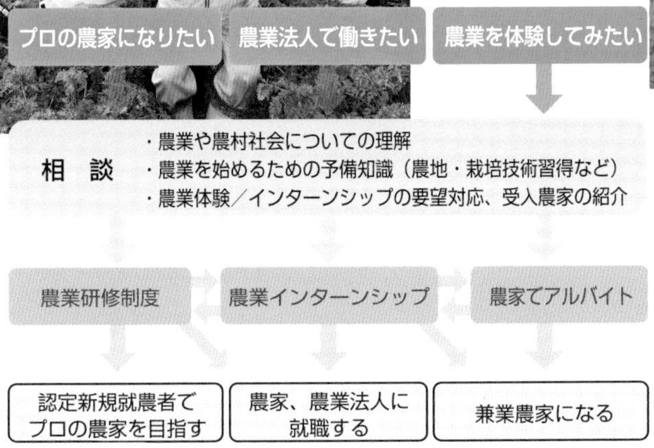

●ワンストップセンターとして希望者を支援《しえん》

農業に縁《えん》のなかった人が農業を仕事にしたいと思っても、どうすればいいのかわかりません。1人で挑戦《ちょうせん》するのは困難《こんなん》です。移住《いじゅう》にも大きな不安があります。そこで、山都町では研修内容《けんしゅうないよう》や研修先を決める段階《だんかい》から、研修中のサポートや住む場所の紹介《しょうかい》、研修後の農地や働き場所、国や町の支《し》援制度《えんせいど》の紹介など、必要な支援すべてを町が拠点《きょてん》となって行っています。新しい仕事や生活で不安をかかえる移住希望者にとって、いろいろな相談ごとをすべて町に相談できるのは安心です。2018年から2021年度までで6人が研修終了して山都町に移住、2022年度は1人が研修中です。

●自分にあった農業のやり方を見つけられるようにサポート

農業を仕事にしたいと思っても、強い意志《いし》があって具体的なイメージを持っている人もいれば、興味《きょうみ》があるので試してみたい、という人など、さまざまです。山都町《やまとちょう》ではそれぞれの希望者に合った研修《けんしゅう》を紹介《しょうかい》します。

また、農業を仕事にするといっても、プロの農家になるだけではなく、会社などの「農業法人」に就職《しゅうしょく》する場合や、「半農半X」とも呼《よ》ばれる、農業をしながら他の仕事もする場合もあります。希望者がそれぞれ自分にあったやり方を見つけられるように、最後までサポートしています。

●受け入れる人も移住《いじゅう》した人もそれぞれ

山都町《やまとちょう》の有機農家の人たちは、みんなが1つの農法に合わせるのではなく、それぞれの考え方、やり方で行っています。また、移住《いじゅう》してくる人もいろいろです。Uターンして実家の農家を継《つ》いだ人、有機農業に興味《きょうみ》を持って移住した人、農業をしたくて全国を転々《てんてん》としたのち、山都町を選んだ人などさまざまです。

（写真提供:山都町）

持続可能《かのう》な水産業に！

キンメダイ（金目鯛《きんめだい》）は、目が金色に光り、赤い色が鮮《あざ》やかな魚で、刺身《さしみ》や煮《に》つけなどいろいろな料理方法が楽しめるおいしい魚です。日本では太平洋沿岸《えんがん》の水深200～800mに生息し、主に関東沿岸から伊豆諸島《いずしょとう》周辺海域《かいいき》（千葉県、東京都、神奈川県、静岡県）で多く漁獲《ぎょかく》されています。主な漁場の一つ、千葉県の勝浦沖《かつうらおき》漁場では、キンメダイ漁を行う漁業者が地域《ちいき》を横断《おうだん》した新たな業種別漁業協同組合をつくり、話し合いによって操業《そうぎょう》の仕方などのルールを自主的に決めています。

●漁協が協力して漁業資源《しげん》を守る

勝浦沖《かつうらおき》漁場でキンメダイ漁を行う漁業者が加入する千葉県沿岸《えんがん》小型《こがた》漁船漁業協同組合では、1969年からキンメダイの漁業資源《しげん》を保護《ほご》し、安定した漁場として永続《えいぞく》させることを目的とした操業規約《そうぎょうきやく》（ルール）を定め、資源の状況《じょうきょう》に応《おう》じて話し合いによる規約の改正を行いながら、それを守って漁をしてきました。

現在《げんざい》のルールは、産卵期《さんらんき》の７～９月は禁漁《きんりょう》とし、1日の操業時間は４時間まで、漁法はとりすぎない「立縄漁法《たてなわぎょほう》」に限定《げんてい》し、針《はり》の数やエサの種類、漁具を巻《ま》き上げる機械も１人あたり１本までなど、細かく決めています。また、全長25㎝以下の魚（1歳《さい》）は海に戻《もど》すことも決めています。2022年、勝浦沖のキンメダイの資源水準《すいじゅん》は、増加傾向《ぞうかけいこう》にあると千葉県に評価《ひょうか》されました。

●キンメダイの資源保護《しげんほご》のための調査《ちょうさ》

千葉県沿岸《えんがん》小型《こがた》漁船漁業協同組合では、1984年から県の協力を得《え》て、キンメダイに標識《ひょうしき》を付けて放し、標識付きの魚が再《ふたた》びとれた時期や場所などのデータを収集《しゅうしゅう》してきました。これまでに標識放流した魚は2万4千尾《び》で、うち500尾以上の魚が再びとれました。その結果、体重約1kg前後（推定年齢《すいていねんれい》7歳《さい》前後）までは8割《わり》以上が放流した海域《かいいき》周辺でとれ、1kg以上では、伊豆諸島《いずしょとう》や南西諸島周辺などの遠い海域で漁獲《ぎょかく》された例もありました。

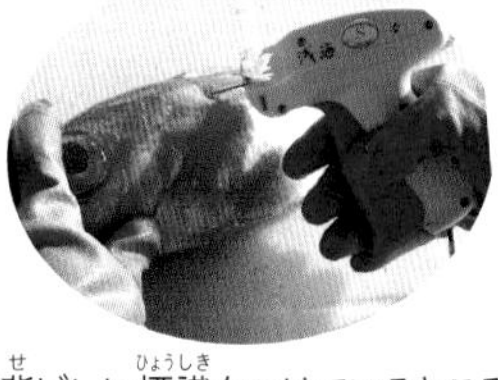

背《せ》ビレに標識《ひょうしき》をつけているところ。

寿命《じゅみょう》の長いキンメダイは、成長が遅《おそ》く、大きくなるのに時間がかかるのにくわえ、大きくなった魚の一部は他の場所に移動《いどう》することから、１つの漁場だけでの取り組みでは資源《しげん》の回復《かいふく》が難《むずか》しいため、全国的な取り組みが必要です。

立縄漁《たてなわりょう》でキンメダイをとる漁師《りょうし》。（右）家族での水揚《みずあ》げ作業の様子。

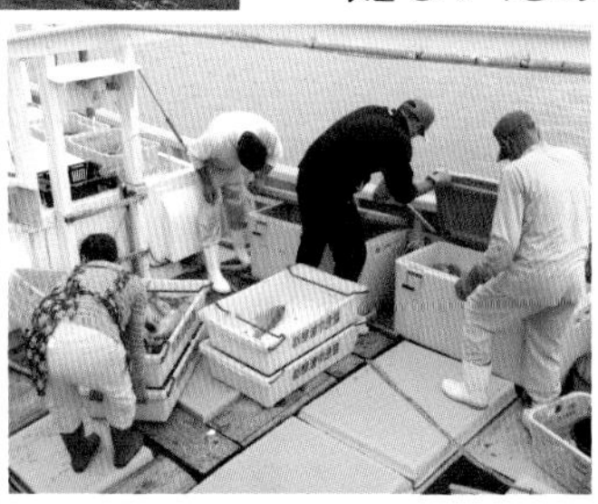

勝浦沖《かつうらおき》のキンメダイ立縄漁《たてなわりょう》は、家族経営《けいえい》の漁師《りょうし》たちが小型《こがた》漁船で行っています。漁師たちは「子どもたちの世代もキンメダイをとることができるように」と、徹底《てってい》した資源《しげん》管理に取り組み、自然と調和した漁業を実践《じっせん》しています。漁師たちが漁業を続けていくことができなければ、魚を食べることもできなくなります。

（写真提供:千葉県沿岸小型漁船漁業協同組合）

漁業の未来の担《にな》い手《て》を育てよう

2011年3月11日の東日本大震災《ひがしにほんだいしんさい》の地震《じしん》と津波《つなみ》によって、沿岸《えんがん》の漁船、養殖施設《ようしょくしせつ》、魚市場、水産加工場など水産業のさまざまな施設が大きな被害《ひがい》を受けました。岩手県、宮城県、福島県などでは、ほとんどの漁港が深刻《しんこく》な被害を受けました。

宮城県石巻市《いしのまきし》に拠点《きょてん》を置く一般社団法人《いっぱんしゃだんほうじん》フィッシャーマン・ジャパンは、「漁師《りょうし》のイメージを変えて水産業全体を盛《も》り上げよう」と、地元の若手《わかて》の漁師たちが中心となって震災《しんさい》後の2014年に設立《せつりつ》されました。

●後継者《こうけいしゃ》不足の課題にチャレンジ

震災《しんさい》前から、漁師《りょうし》の高齢化《こうれいか》と漁師になる若《わか》い人が少ないという課題がありました。担《にな》い手《て》がいなければ漁業を続けられません。

フィッシャーマン・ジャパンでは、「カッコいい、稼《かせ》げる、革新《かくしん》的」という漁師のイメージを打ち出して、県や市などの行政機関《ぎょうせいきかん》とも提携《ていけい》して、地元出身以外の人が漁師になれるようなさまざまな取り組みをしています。漁師に興味《きょうみ》がある人に必要な情報《じょうほう》を提供《ていきょう》したり、受け入れる漁師とつないだり、水産業に関わる仕事を紹介《しょうかい》しています。また、就職《しゅうしょく》後に住む場所や仲間との交流の場として、６つのシェアハウスも運営《うんえい》しています。これまでに60人以上の若者《わかもの》が漁業に就職しました。

●水産業の流通のしくみを変える

漁業の現場《げんば》ではとった魚が食べる人に届《とど》くまでの流通全体に関わる団《だん》体《たい》がなかったと、フィッシャーマン・ジャパンでは、仙台《せんだい》空港に「ふぃっしゃーまん亭《てい》」を開店しました。ここでは、MSC・ASC認証《にんしょう》された水産物を使った海鮮丼《かいせんどん》などを提供《ていきょう》しています。この他にも、漁師《りょうし》と水産加工業者が連携《れんけい》して新商品を開発して販売《はんばい》しています。

●海を守る

海の中で海藻《かいそう》が減《へ》ってしまう「磯焼《いそや》け」が起きていることに対して、フィッシャーマン・ジャパンは「海藻の森をつくろう」と提唱《ていしょう》して、原因《げんいん》の一つであるウニを取《と》り除《のぞ》いて、海藻を移植《いしょく》する活動を始めています。とったウニは陸上の施設《しせつ》でエサをあたえて身入りをよくして食用に出荷し、海の環境《かんきょう》保護《ほご》の活動を経済的《けいざいてき》な活動にも生かしています。

海藻《かいそう》がなくなった海でウニを採取《さいしゅ》するダイバーは、漁師《りょうし》が担《にな》っています。

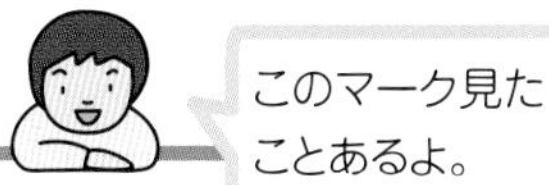

MSC認証《にんしょう》、ASC認証

MSC認証《にんしょう》とは、水産資源《しげん》や環境《かんきょう》に配慮《はいりょ》し適切《てきせつ》に管理された漁業でとられた水産物であることを認証するものです。ASC認証とは、環境と社会への影響《えいきょう》を最小限《さいしょうげん》に抑《おさ》えた養殖場《ようしょくじょう》で育てられた水産物を認証するものです。

海のエコラベル 持続可能な漁業で獲られた水産物 MSC認証 www.msc.org/jp

責任ある養殖により生産された水産物 asc 認証 ASC-AQUA.ORG

大豆は地球を救《すく》う？

8ページで紹介《しょうかい》したプラネタリーヘルスダイエットでは、タンパク質《しつ》を豆類やナッツからとることを推奨《すいしょう》しています。日本では昔から貴重《きちょう》なタンパク源《げん》として大豆を食べてきました。1960年代以降《いこう》、肉や卵《たまご》が増《ふ》えて大豆を食べる量が減《へ》っていますが、最近は大豆が健康や地球環境《かんきょう》によいと注目され、「大豆ミート」など新しい食べ方も広がってきています。

●古くから発展《はってん》してきた大豆の食文化

大豆は「必須《ひっす》アミノ酸《さん》」をバランスよくふくむ良質《りょうしつ》のタンパク質《しつ》が豊富《ほうふ》で、「畑の肉」とも呼《よ》ばれます。ビタミン、ミネラルも豊富でとても栄養《えいよう》価《か》の高い作物です。日本では弥生《やよい》時代から栽培《さいばい》されており、さまざまな食品や調味料として食べられてきました。水に漬《つ》けて煮《に》たり、煎《い》り大豆にして食べたり、きな粉《こ》にしたり。豆腐《とうふ》は、大豆をすりつぶして煮てこした豆乳《とうにゅう》を固めてつくります。納豆《なっとう》は、蒸《む》した大豆に納豆菌《なっとうきん》をまぜて発酵《はっこう》させたものです。みそ、しょうゆも、蒸した大豆を米や麦などとまぜて発酵させてつくります。

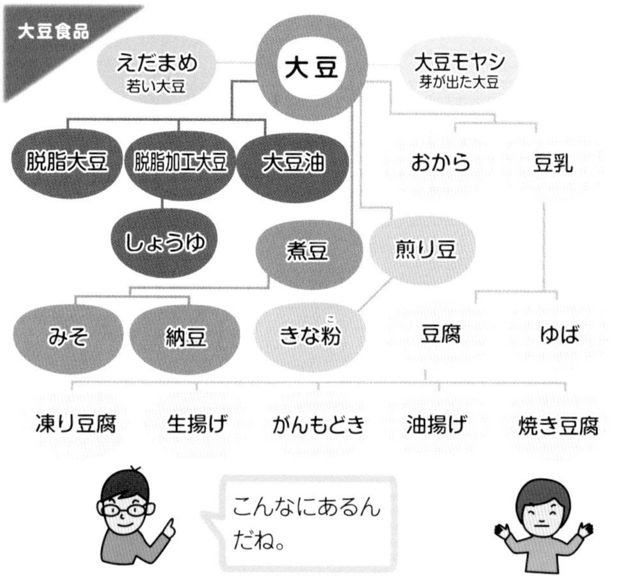

●日本国内の大豆の需要《じゅよう》の70%は油用

日本国内の大豆の需要《じゅよう》の70%が油用で、サラダ油や天ぷら油、マヨネーズやドレッシング、マーガリンに使います。30%が豆腐《とうふ》、納豆《なっとう》、みそ、しょうゆなどの食品用です。油用の原料はほぼ全量をアメリカ、カナダなどから輸入《ゆにゅう》し、大豆の自給率《じきゅうりつ》は7%程度《ていど》です。国内で生産された大豆は、次の年にまく種用を除《のぞ》いて全量が食品用の原料になります。食品用に限《かぎ》ると自給率は25%程度です。

大豆の需要《じゅよう》の内訳《うちわけ》

(2017年度)

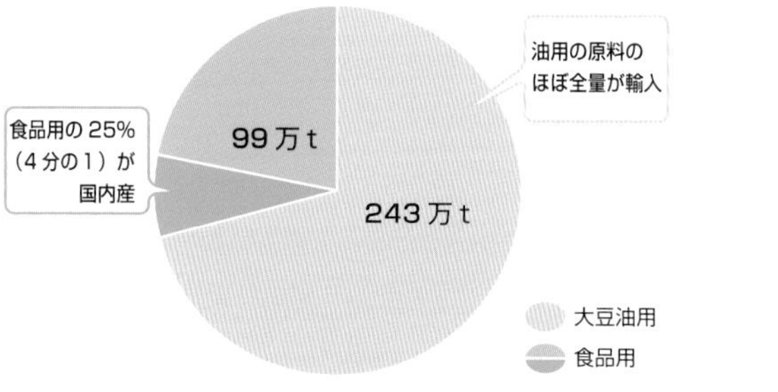

(農林水産省資料より作成)

大豆の新しい食べ方も

大豆ミートは肉のように調理できる加工食品です。このほか飲みやすい豆乳《とうにゅう》や、大豆をつかった栄養補助《ほじょ》スナック、料理やクッキ　などに使いやすいようにおからをパウダーにしたものなどいろいろな大豆食品が開発されています。

豆腐店《とうふてん》と農家をマッチング

大豆問屋の山口博《やまぐちひろし》さんは、全国の農家から大豆を買い付けて、豆腐《とうふ》や納豆《なっとう》、煮豆《にまめ》、みそ、しょうゆなどの大豆を原料とした食品をつくる「加工メーカー」に卸《おろ》して（売って）います。

納豆には小粒《こつぶ》の大豆が適《てき》しているなど、つくる食品によって、粒《つぶ》の大きさや成分の割合《わりあい》など適切《てきせつ》な品種があります。なかでも、こだわりの豆腐や納豆をつくっている豆腐店や納豆製造《せいぞう》会社は、こだわりの大豆を求めます。山口さんは一般《いっぱん》的な大豆の流通の仕方とまったく違《ちが》う方法でその要望に応《こた》えています。

●加工メーカーと農家をマッチング

大豆の流通経路《けいろ》は複雑《ふくざつ》です。ほとんどの場合、農協などが農家から集めた大豆は、市場で入札取引され、問屋を通して加工メーカーに販売《はんばい》されます。そのため、農家は出荷したあと自分のつくった大豆がどうなるのか分からず、加工メーカーもだれがつくった大豆なのかが分かりません。

山口さんは、豆腐店《とうふてん》や納豆製造《なっとうせいぞう》会社から品種や栽培《さいばい》方法などの具体的な要望を聞くと、全国の大豆農家のなかから要望に沿《そ》った大豆をつくってくれそうな農家に話をつなぎます。農家が「いいよ」といったら、山口さんを仲介《ちゅうかい》にして、メーカーと農家の顔の見える関係が始まります。

逆向《ぎゃくむ》きの流通の流れ

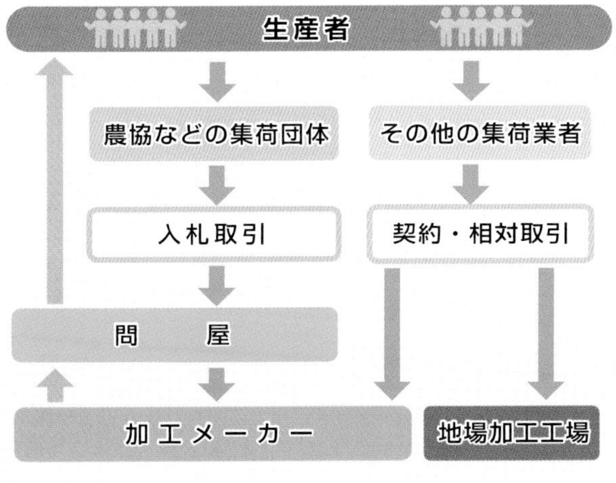

一般《いっぱん》的な大豆の流通経路《けいろ》（ピンクの→）と山口さんがこだわりのメーカーさんに応《こた》える経路（ブルーの→）。一般的な経路と比《くら》べて→の向きが逆《ぎゃく》になっています。

●「逆向《ぎゃくむ》き」の流通

山口さんは、こうした方法を一般的《いっぱんてき》な流通と比《くら》べて、「逆向《ぎゃくむ》き」だといいます。売られている大豆から選んで買うのではなく、買う側から働きかけて自分が求める大豆を農家につくってもらうからです。「こんな豆腐屋《とうふや》さんがいるので、そこで使えるこんな大豆をつくってほしい」という山口さんの相談にのってくれるのは、自分が育てた大豆がどんな食品になって人に食べられるのかを知りたい農家だそうです。

大規模《だいきぼ》な工場でつくるほうが値段《ねだん》は安くできますが、そういうやり方だけでは持続可能《かのう》な生産や流通にはならないことが分かってきました。小規《き》模《ぼ》だからできる、このような「逆向き」の流通には大きな可能性《かのうせい》があります。

時代によって変わってきた大豆の作付け面積

日本の大豆の作付け面積は1908年にもっとも大きく49万1700haでした。その後、中国東北部から大豆を輸入《ゆにゅう》するようになって減少《げんしょう》しました。アジア太平洋戦争後の増産《ぞうさん》運動で1950年代に40万haほどに回復《かいふく》しましたが、1961年の輸入自由化などによって再《ふたた》び減《へ》りました。その後、国は米からの転作作物として補助金《ほじょきん》を出して大豆の栽培《さいばい》を奨励《しょうれい》し、2018年は14万6600ha（1908年の３分の１程度《ていど》）でした。このうちの80％が田んぼだったところに作付けされた転作大豆です。

栄養満点、食の多様性《たようせい》を守る雑穀《ざっこく》を食べよう

　プラネタリーヘルスダイエットでは、野菜、果物、ナッツ、きのこ類などとともに、精製《せいせい》していない穀物《こくもつ》をとることをすすめています（→8ページ）。

　精製していない穀物とは、米の場合は玄米《げんまい》、パンやパスタになる小麦の場合は全粒粉《ぜんりゅうふん》です。それ以外に「雑穀《ざっこく》」と呼《よ》ばれる穀物もふくみます。「雑穀」の定義《ていぎ》は明確《めいかく》に決まっていません。米や小麦以外の穀類《こくるい》の総称《そうしょう》です。アワ・ソバ・キビなどのほか、玄米の状態《じょうたい》で食べる赤米や黒米などの「古代米」をふくめることもあります。

　国連食糧農業機関《こくれんしょくりょうのうぎょうきかん》（FAO）の提唱《ていしょう》により、国連は2023年を「国際雑穀年」と定めました。

モチキビ

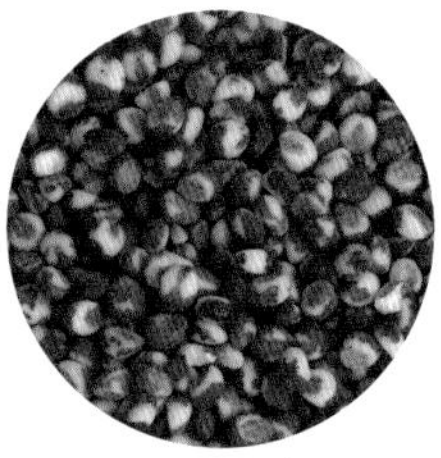

タカキビ

ハトムギ

アマランサス

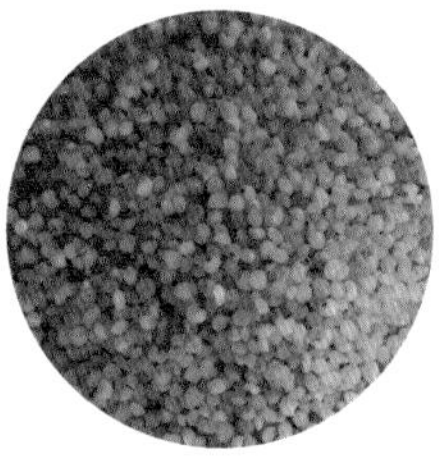

ヒエ

モチアワ

赤米

黒米

●雑穀《ざっこく》の90％が輸入《ゆにゅう》

　日本では、縄文《じょうもん》時代から雑穀《ざっこく》が食べられていたと考えられています。稲作《いなさく》が広まった後も、寒さや乾燥《かんそう》に強い雑穀は近代まで貴重《きちょう》な食料でした。

　戦後は稲作技術《ぎじゅつ》の発展《はってん》や経済《けいざい》成長にともなって主食が米になり、雑穀の栽培量《さいばいりょう》は減《へ》っていきました。今では日本での生産は限《かぎ》られていて、90％が輸入されています。

　雑穀《ざっこく》には、栄養素《えいようそ》の中でからだの生理機能《きのう》を調節するうえで欠かせないミネラル（マグネシウム、カルシウム、鉄、カリウムなど）、ビタミン（ビタミンB_1、ビタミンB_6など）、食物繊維《せんい》が豊富《ほうふ》です。白米は玄米《げんまい》を精製《せいせい》したもので、胚芽《はいが》やぬかを削《けず》ってしまうので、ミネラルやビタミンなどが少なくなります。雑穀は精製しないので、豊富な栄養をとることができます。

玄米《げんまい》と白米

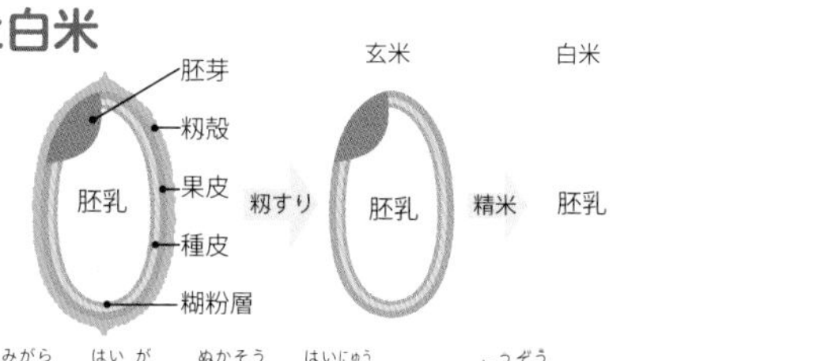

米は、籾殻《もみがら》、胚芽《はいが》、糠層《ぬかそう》、胚乳《はいにゅう》という構造《こうぞう》になっています。玄米《げんまい》は籾殻だけを取《と》り除《のぞ》いた状態《じょうたい》、白米は、籾殻、胚芽、糠層を取り除き、胚乳だけの状態の米です。

●食の多様性《たようせい》を守る

　雑穀《ざっこく》は世界各地で古代から栽培《さいばい》されてきました。三大穀物《こくもつ》と呼《よ》ばれる米、小麦、トウモロコシが主に食べられ、国連食糧農業機関《こくれんしょくりょうのうぎょうきかん》（FAO）によるとこの3種類の作物で人類の全摂取《せっしゅ》カロリーの40％以上を占《し》めています。穀物以外もふくめると7000種ほどの栽培作物のうち、人類は全カロリー摂取量《せっしゅりょう》の90％を約30種の作物からとっているとみられ、非常に限《かぎ》られた品種に依存《いぞん》している状態《じょうたい》です。気候変動による影響《えいきょう》で収穫《しゅうかく》できなくなるなどの危険性《きけんせい》があり、多様な作物を食べることが望ましいのです。いろいろな雑穀を食生活に取り入れることは、その意味でも重要です。

雑穀《ざっこく》文化の残る地域《ちいき》　岩手県の雑穀づくり

現在《げんざい》日本で生産されている雑穀《ざっこく》の6割《わり》が岩手県で生産されています。涼《すず》しい気候のため稲《いね》が育ちにくく、厳《きび》しい環境《かんきょう》でも育つヒエやアワ、ソバなどの雑穀が昔からつくられてきました。岩手県は明治時代から雑穀の栽培《さいばい》方法や品種の研究を進めてきました。1950年代にはほとんど栽培されなくなりましたが、1970年代からは稲の転作作物としての研究が進められました。1980年代ころから雑穀の栄養的な価値《かち》が見直され、アマランサスなど新しい作物も加わって県内での雑穀の栽培面積は増《ふ》えています。

岩手県花巻《はなまき》市にひろがるウルチヒエの畑

アマランサス

キビ

タカキビ

ハトムギ

（写真提供:プロ農夢花巻）

●宮沢賢治《みやざわけんじ》のふるさと花巻《はなまき》の雑穀《ざっこく》づくり

岩手県の中でも雑穀《ざっこく》の栽培《さいばい》が盛《さか》んな花巻市《はなまきし》は、明治時代に宮沢賢治《みやざわけんじ》が生まれ、生活したところです。賢治の作品の中にもキビの畑や団子《だんご》など、雑穀が登場しています。賢治もいろいろな雑穀を食べていたにちがいありません。

「プロ農夢花巻《のうむはなまき》」は、できるだけ農薬や化学肥《ひ》料《りょう》を使わずに育てた雑穀で、いろいろな商品をつくって販売《はんばい》しています。花巻農業協同組合の子会社の事業として、雑穀を栽培する生産者とともに、雑穀をごはんに混《ま》ぜて炊《た》くだけでなく、サラダにかけたり揚《あ》げ物《もの》の衣に入れたりできるように雑穀を粉《こな》にした商品も販売しています。

岩手の雑穀《ざっこく》を使った郷土《きょうど》料理

「へっちょこだんご」（写真左）は、タカキビ粉《こ》、モチアワ粉《こ》、イナキビ粉《こ》などを丸めて、甘《あま》い小豆汁《じる》に入れたもの。

「柳《やなぎ》ばっと」（写真右）は、細く切ったソバが江戸《えど》時代にぜいたくだとして農民に禁止《きんし》されたため、ソバ粉《こ》を柳《やなぎ》の葉の形にして野菜などと煮《に》たもの。

（写真提供:岩手県農業普及技術課）

雑穀《ざっこく》をそのまま使ったりパフ状《じょう》(粉《こな》）にした雑穀をつかった料理。

雑穀《ざっこく》を混《ま》ぜて炊《た》いたごはん

黒米を入れると紫色《むらさきいろ》のごはんになります。

（写真提供:プロ農夢花巻）

小学生が開発した島のアイスクリーム

滋賀県の琵琶湖《びわこ》の中にある沖島は1.51km²の島です。島の小学生たちは、自分たちが育てたサツマイモを使った「沖島のやさしいアイス」を、県内のジェラート店と協力して開発しました。2017年の発売以来、島の特産品として島のお店や対岸の生協などで販売《はんばい》されています。

●思いを形にしたアイスクリーム

「沖島のやさしいアイス」は国土交通省が進める離島《りとう》と企業《きぎょう》をつなぐプロジェクトから生まれました。2016年度の授業《じゅぎょう》と現場《げんば》実習を通して、小学生たちが島のサツマイモを使ったアイスクリームを考案し、販売《はんばい》まで体験しました。企画書《きかくしょ》をつくり、ジェラート店の人と相談して、容器《ようき》のデザインも考えました。カップの絵は自分たちがえがいた沖島をイメージした生き物たちです。みんなで相談しているときに「島の人はみんなやさしい」という意見が多く出て、「沖島のやさしいアイス」という名前を付けました。

●さまざまな食べものをつくる沖島小学校

沖島の人口は約240 人です。人がくらす湖の中の島は世界的にもめずらしく、日本では沖島だけです。車が走らないこの島に住む人の多くが、琵琶湖《びわこ》での漁業に従事《じゅうじ》しています。

沖島小学校は2022年度の生徒数が12 人の学校です。船で10分の対岸から通っている子どもたちもいます。沖島小学校では1年を通して数多くの野菜を育てたり、島の人たちに教えてもらって伝統的《でんとうてき》な「鮒《ふな》ずし」など、いろいろな食べ物をつくっています。島でのそんな生活から「沖島のやさしいアイス」が生まれました。

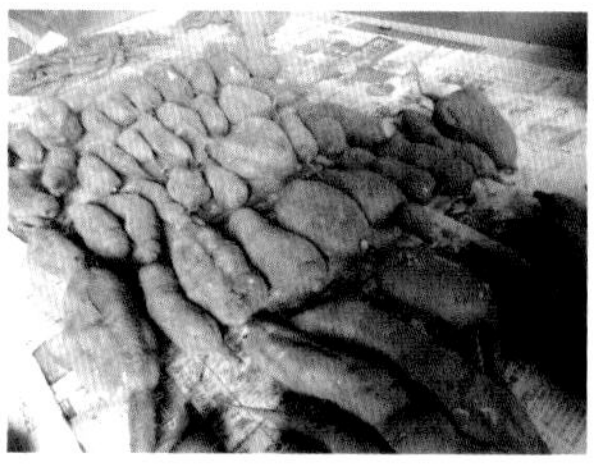

子どもたちが収穫《しゅうかく》したサツマイモ（左）。製品《せいひん》の完成前には試作品の試食もしました（下左）。校舎《こうしゃ》前の畑で大根を収穫（下右）。

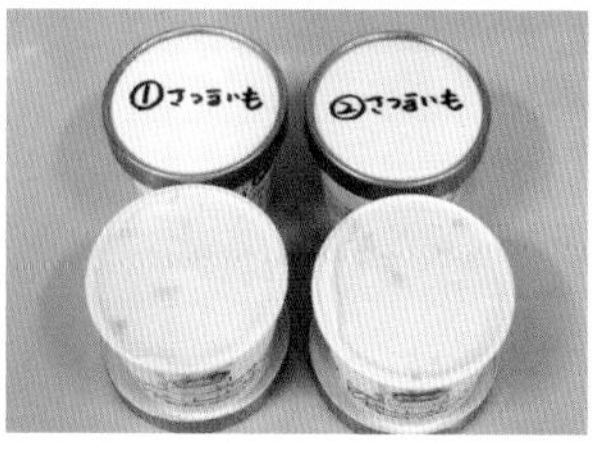

島の人に教えてもらって魚と米を発酵《はっこう》させる「鮒《ふな》ずし」の仕込《しこ》み（上）。学校の裏山《うらやま》でとったイチゴでジャムをつくって給食で食べました（下）。

（写真提供:沖島町離島振興推進協議会　近江八幡市立沖島小学校、近江八幡市）

小学生が大活躍《だいかつやく》の神山町《かみやまちょう》

徳島県神山町《かみやまちょう》は人口約4900人の町です。「NPO法人まちの食農教育」の樋口明日香《ひぐちあすか》さんたちは、町内にある２つの小学校の先生と相談して、さまざまな活動の場をつくっています。2019〜2022年には、小学生たちが自分たちで育てた野菜を町内の食堂《しょくどう》に卸《おろ》したり、自分たちで育てた大豆でみそをつくったり、大活躍《だいかつやく》しました。

大豆をさやから取り出しているところ。

神領《じんりょう》小学校の１年生が育てた野菜。この日は菜の花、リーフレタス、ターツァイ、ニンジン、コマツナなど、10 種類 12kgの野菜を収穫《しゅうかく》しました。

●自分たちで育てて、みそをつくって、種もとる大豆づくり

広野《ひろの》小学校では、2年生と3年生が大豆を植えて、育てて収穫《しゅうかく》、さやから取り出す作業もすべて自分たちでやりました。植えたときは手のひらにのるくらいの量だった大豆は３kg以上になりました。３年生と４年生になってからは、前年に収穫した大豆でみそづくりをしました。

育てた大豆は、樋口《ひぐち》さんたちが「神山《かみやま》大豆」と呼《よ》ぶ、神山で何十年も栽培《さいばい》されている在来《ざいらい》の大豆です。種として残した大豆を次の学年の子どもたちが植え、学校で種をつないでいます。

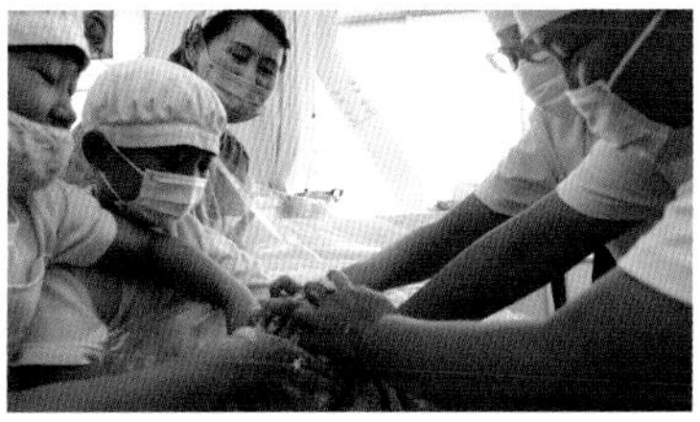

みそにするため、煮《に》てつぶした大豆と、麹《こうじ》と塩を混《ま》ぜたものをよく混ぜているところ。

大豆の一部は種として次の学年の子どもたちが植えます。

（写真提供:NPO法人まちの食農教育）

●40%以上が自分たちが育てて卸《おろ》した野菜のランチ

神領《じんりょう》小学校では、1年生が畑でたくさんの野菜を育てています。夏の終わりから秋にいろいろな種類の種を植えて、12月に野菜を収穫《しゅうかく》すると、町内の食堂《しょくどう》「かま屋」に運んで納品《のうひん》し、代金を受け取ります。

「かま屋」では子どもたちの野菜を生かしたランチをつくります。次の日、子どもたちはそのランチを食べに行きます。このときのランチは全体の41.7%が神領小学校産の野菜でした。このランチは他のお客さんも食べることができます。

1年生が育てた野菜でつくった「かま屋」のランチ(左)。41.7%が神領《じんりょう》小学校産。61.1%が神山《かみやま》産、農作物だけに限《かぎ》ると、生姜《しょうが》以外はすべて神山産です。

アイガモ水田トラストで安全な米づくり

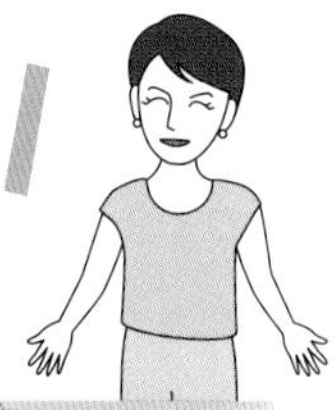

「茨城アイガモ水田トラスト」は、世話人の平野《ひらの》清子《きよこ》さんや農家の小長谷裕宝《こながやひろたか》さんたちの「わたしたちの命を育む食べものは、わたしたちみんなの力で守り育てていかなければならない」という思いから、2002年に活動を始めました。「人と自然に優《やさ》しい田んぼを後の世代につなげるために農家と消費者《しょうひしゃ》とが力を合わせて、楽しく、美味しく、元気になる活動」を目標に実践《じっせん》しています。

トラストの田んぼは茨城県行方《なめがた》市（玉造《たまつくり》）にあり、小長谷さんたちがアイガモ農法で、化学肥料《ひりょう》も農薬も使わないで米を育てています。トラストでは、田植えや草取り、かかし作り、稲刈《いねか》り、収穫祭《しゅうかくさい》などのイベントを開催《かいさい》し、一緒《いっしょ》に作業をしたり、一緒にごはんを食べたりして農家と会員が交流します。「生産者と直接つながり、マイ自給ネットワークをつくることが大切」と平野さんはいいます。

●水田トラストのしくみ

ふつう、農家は栽培《さいばい》、収穫《しゅうかく》して乾燥《かんそう》させて袋《ふくろ》詰《づめ》した米を出荷し、消費者《しょうひしゃ》は小売業者からそれを買います。農家はだれが買うのか、どれくらい売れるのかわからないまま米をつくることになります。

トラストでは、参加する人は先に年会費《ねんかいひ》を払《はら》います。トラストの水田で米が収穫されると、会員全員で公平に分配します。「茨城アイガモ水田トラスト」では、米とアイガモ肉を受け取ります（アイガモは生きたまま受け取って飼《か》うこともできるそうです）。そうすることで、米をつくる人と食べる人同士《どうし》が関係をもちながら、互《たが》いに安心して、環境《かんきょう》にも身体にもいい米をつくる／つくってもらうことができます。

トラストとは

産業革命《かくめい》の時代、1800年代の終わりごろにイギリスで自然環境《かんきょう》を守るために、市民が募金《ぼきん》を集めて土地を買い取る「ナショナル・トラスト運動」が始まりました。同じようなしくみで水田などを守る運動にしたのが「水田トラスト」です。

農薬や化学肥料《ひりょう》を使わない米づくりをつづけて欲《ほ》しい、管理に人手が必要な棚田《たなだ》を守りたい、という市民と農家によって、日本の各地に、水田トラストや棚田トラスト、大豆畑トラストなどの活動があります。

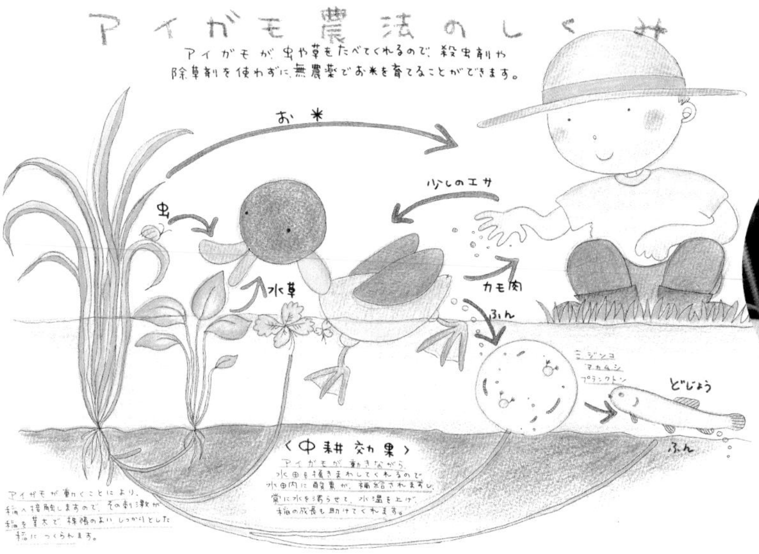

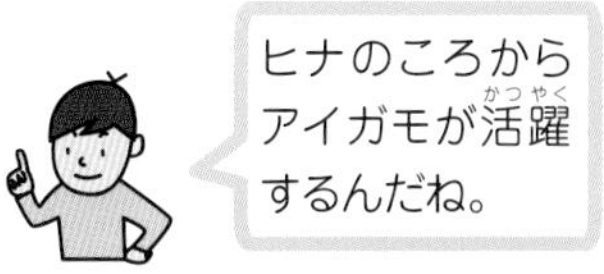

小長谷《こながや》さんのところでは、卵から孵《かえ》すところからアイガモを育てています。農薬を使っていないので、田んぼには生き物がいっぱいいます。

●アイガモ農法

アイガモ農法では、田植えのあと1 週間くらいで、卵《たまご》から孵化《ふか》して7日くらいのヒナを水田に放します。小さな稲《いね》の間を小さなヒナたちが動きまわって、雑草《ざっそう》や虫を食べます。アイガモのフンは肥料《ひりょう》になります。泥《どろ》をかき回すので、田んぼに酸《さん》素《そ》が豊富《ほうふ》になります。農薬や化学肥料を使う必要がなく、水田で稲とアイガモが一緒《いっしょ》に育つ農法です。8月下旬《げじゅん》ごろ、稲穂《いなほ》がつくと、アイガモは陸にあげてエサをやって育てます。アイガモも食肉としていただきます。

●参加者同士《どうし》が出会い交流する場にも

田植えや草取り、稲刈《いねか》りなどのイベントでは、大人も子どもも一緒《いっしょ》に作業します。そして、みんなでごはんを食べて、小長谷《こながや》さんから稲《いね》とアイガモの成長の様子を聞きます。アイガモがカラスに襲《おそ》われたり、台風の被害《ひがい》を受けたりといった苦労の話を聞くこともあります。

参加者も発言するなどして交流します。最初はお互《たが》いに知らない人同士《どうし》の人たちが、アイガモ水田トラストで知り合い交流します。

●トラストのつながりから生まれたお酒

2011年の東日本大震災《ひがしにほんだいしんさい》後の福島第一原発事故《じこ》の影響《えいきょう》で、測《はか》って放射性物質《ほうしゃせいぶっしつ》がふくまれていないことが分かっているのに、「茨城アイガモ水田トラスト」の米をつくっている農家の米が売れなくなりました。そこで、トラストの仲間たちは、茨城県の酒造《しゅぞう》会社来福酒造とともに「笑う鴨《かも》には福来る」というキャッチフレーズで、酒づくりプロジェクトを発足。2013年に「笑鴨《わらいかも》」という日本酒が誕生《たんじょう》しました。

(写真・図版提供:茨城アイガモ水田トラスト)

オーガニック島野菜ネットワーク

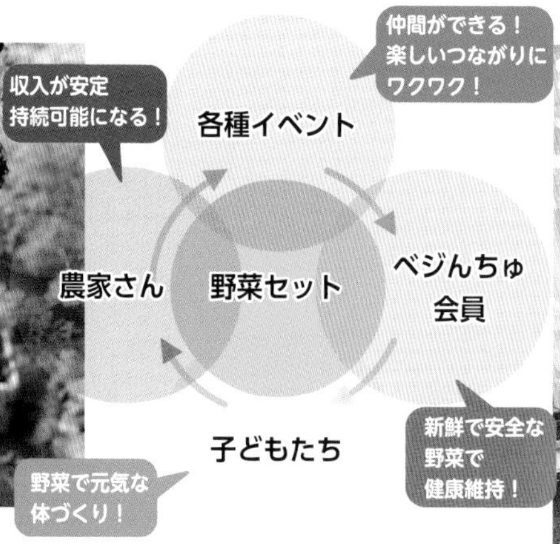

2020年に沖縄でスタートした「オーガニック島やさいネットワーク〈ベジんちゅ〉」は、地域《ちいき》支援型《しえんがた》農業（CSA）の野菜の定期宅配《たくはい》です。「消《しょう》費者《ひしゃ》が野菜を定期購入《こうにゅう》して農家を支《ささ》えることで、食べ物に困《こま》らない世界を自分たちの手でつくろう」と、那覇《なは》市でオーガニック野菜のレストランを経営《けいえい》していた中曽根直子《なかそねなおこ》さんと、沖縄本島南部で有機農業に取り組む平良将豊《たいらまさと》さんが力をあわせて始めました。会員は毎月決まった代金を払《はら》って、県内で農薬、化学肥料《ひりょう》を使わずに栽培《さいばい》された野菜を定期的に受け取ります。また、会員が購入した野菜の10％が子ども食堂《しょくどう》に寄付《きふ》されます。

農場見学にきた子どもたちと話す平良《たいら》さん（左）。
野菜セットには「ベジんちゅ」通信を入れて、農家やイベントなどの情報《じょうほう》、野菜の調理方法などを発信しています（右）。

平良《たいら》さんのつくった野菜。つやつやしています。

●前払《まえばら》いして定期的に野菜を受け取る

ベジんちゅに参加できるのは、県内に住んでいる人です。1か月分の代金を前払《まえばら》いして、毎週か２週間に１回有機野菜セットを受け取ります。気候や時期によって、収穫量《しゅうかくりょう》が減《へ》ったときはセットの中身が少なくなることもありますが、豊作《ほうさく》のときにはたくさんの野菜が入ってきます。台風の被《ひ》害《がい》にあったときなどは「未来の豊作チケット」が発行されて、１年以内にその分の野菜を受け取ることができます。中曽根《なかそね》さんたちは農園見学や農業体験、料理教室などのイベントを開催《かいさい》してベジんちゅをとおした交流の場をつくっています。

2022年の会員は60人ほど。中曽根さんは沖縄県内の様々《さまざま》な地域《ちいき》でこの取り組みを増《ふ》やして、有機農業を広めてゆきたいと考えています。

CSAとは

「地域支援型《ちいきしえんがた》農業（ＣＳＡ＝コミュニティー・サポーテッド・アグリカルチャー）」は、1980年代にアメリカで始まりました。消費者《しょうひしゃ》が地域の生産者に代金を前払《まえばら》いして収穫《しゅうかく》された農産物を定期的に受け取るしくみです。農業は気候によって収穫量《しゅうかくりょう》が変わりますが、CSAでは、悪天候などで収穫量が減《へ》っても農家は安定的に収入《しゅうにゅう》を得《え》ることができます。市場の規格《きかく》に合わせる必要がないので、無駄《むだ》になる野菜が少なくなります。消費者は交流をとおして信頼《しんらい》できる農家のつくった新鮮《しんせん》な農産物を食べることができます。トラスト（→32ページ）と似《に》たしくみです。

●地域《ちいき》のつながりを大事にしたい

中曽根《なかそね》さんは、那覇《なは》市で有機野菜と雑穀《ざっこく》を使った料理を出すレストランを2011年にオープンしましたが、当初は、沖縄県産の有機野菜を確保《かくほ》するのに苦労しました。一方、平良《たいら》さんは、代々受《だいだいう》け継《つ》いできた畑で有機農業を始めましたが、販売《はんばい》先が思うように見つからず困《こま》っていました。そんな2人が出会って「農家も地域《ちいき》も消費者《しょうひしゃ》もみんながよくなるように」と、ベジんちゅを始めました。

「オーガニック島やさいネットワーク〈ベジんちゅ〉」という名前は「地域のつながりが大事」という思いから、付けました。「んちゅ」とは沖縄で「～の人」という意味です。

中曽根直子《なかそねなおこ》さんと平良将豊《たいらまさと》さん

（写真:佐藤ひろこ）

●配送を助けてくれる人たち

セットにする野菜は、沖縄本島と離島《りとう》の各地で有機農業に取り組む10人ほどの農家がつくった野菜を平良《たいら》さんがとりまとめています。当初、会員への配送も平良さんが担《にな》っていましたが、農作業との両立が難《むずか》しくなりました。

すると、2020年5月から、沖縄の新聞「琉球《りゅうきゅう》新報《しんぽう》」の販売店《はんばいてん》の有志《ゆうし》が那覇市《なはし》内の会員への配達を担当《たんとう》してくれることになりました。また、野菜セットを預《あず》かって、会員がそこで野菜を受け取れる「共同受取所」として協力してくれるお店も、5か所に増《ふ》えました。

会員（写真右）に野菜セットをとどける琉球《りゅうきゅう》新報《しんぽう》販売店の國吉利彰《くによしとしあき》さん・優子《ゆうこ》さん夫妻。

（写真:佐藤ひろこ）

●サトウキビの生産が多い沖縄の農業

2020年の沖縄県の食料自給率《じきゅうりつ》（カロリーベース）は32%でした。都道府県のなかで17番目に低い水準《すいじゅん》です。農業産出額《さんしゅつがく》でみると、全国の平均《へいきん》では米と野菜を合わせて50%近くを占《し》めますが、沖縄県では米はほとんど生産されておらず、サトウキビなどが大きな割合《わりあい》を占め、野菜の割合は低いという特徴《とくちょう》があります。2020年、沖縄県の農業産出額に占める野菜の割合は14%、サトウキビなどの工芸農作物は25%でした。サトウキビを除《のぞ》くと、沖縄県の食料自給率はもっと低い計算になります。

沖縄の農業算出額《さんしゅつがく》部門別構成比《こうせいひ》（2020年）

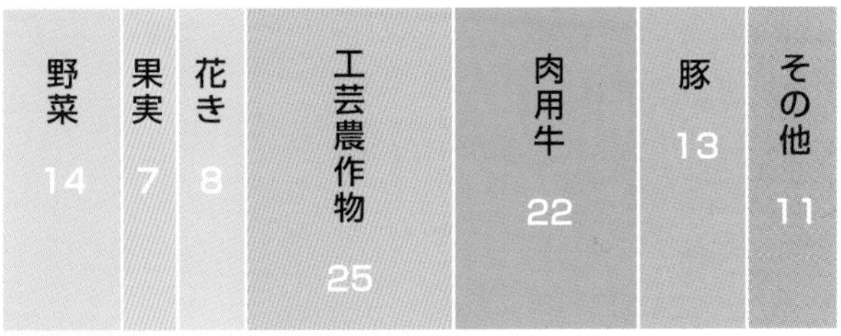

（単位:%）　（内閣府資料より作成）

●会員が手伝う

野菜についた土を落としたり、分量を量って袋《ふくろ》詰《づ》めしたり、それらの野菜をボックスに詰《つ》めていく作業は手間と時間がかかります。平良《たいら》さんの農園では毎回早朝から作業をしていましたが、会員が増《ふ》えてきたとき、平良さんだけで担《にな》うのは無理になりました。そのとき、中曽根《なかそね》さんがボランティアを募集《ぼしゅう》したところ、すぐに3人の会員から応募《おうぼ》があり、平良さんの農場で毎週野菜の袋詰めなどの作業を手伝っています。ボランティアの会員はその日に収穫《しゅうかく》した野菜をもらえます。

平良《たいら》さんの農園で作業を手伝う会員。

（写真提供:ベジんちゅ）

食料自給率《じきゅうりつ》0%の東京で野菜を育てて食べる

東京都農業振興事務所《しんこうじむしょ》によると、2020年には東京都の面積の３%にあたる6720haが農地で、野菜や果物、花、植木などが生産されています。ところが、農林水産省によると2020年の東京都の食料自給率《じきゅうりつ》は０%でした（→16ページ）。東京で農産物が生産されていても、人口が多いので1人あたりで計算すると１%に満たないのです。

食料自給率０%の東京の中で、農家ではないけれど自分たちの身近なところで野菜を育てて食べている人たちがいます。

●食べるものをつくる力を都市の人にも

都心の渋谷《しぶや》に拠点《きょてん》をおくNPO法人アーバンファーマーズクラブは、都市の中の畑で食べ物をつくる活動をしています。代表の小倉崇《たかし》さんは、2011年の東日本大震災《ひがしにほんだいしんさい》後、東京のスーパーやコンビニの棚《たな》が空っぽになったのを見て、「食べ物を自分でつくっている人が、結局はいちばん強い」と思いました。人も、モノも、情報《じょうほう》もあふれているけれど、生きていく上でもっとも肝心《かんじん》な、自分が食べる作物をつくる力が欠けている都市の中で、作物を育てる力を人々《ひとびと》と共有しようと、2018年にアーバンファーマーズクラブを設立《せつりつ》しました。

保育園の子どもたちがビルの屋上で野菜を育てる「やさいの森」。

さまざまなお店やレストラン、映画館《えいがかん》などが集まる複合施設《ふくごうしせつ》「恵比《えび》寿《す》ガーデンプレイス」内にあるアーバンファーマーズクラブの畑。

●保育園児《ほいくえんじ》やビルで働く人も野菜づくり

オフィスビルの屋上の畑。

アーバンファーマーズクラブでは都心を中心に、いくつもの畑をつくって活動しています。原宿にある商業施《し》設《せつ》ビルの屋上には、企《き》業《ぎょう》の協力を得《え》て大きなプランターを設置《せっち》して「やさいの森」をつくりました。近くにある保育園《ほいくえん》の子どもたちがニンジンなどを育てて食べています。

また「オフィスに畑があったら働き方が変わる」と、恵比寿《えびす》にあるオフィスビルの屋上に畑をつくりました。ビルで働く人たちと一緒《いっしょ》にハーブを栽培《さいばい》しています。

フードバンクに野菜を届《とど》ける

2020年からは、養護施設《ようごしせつ》出身で生活に困難《こんなん》のある若者《わかもの》を支援《しえん》する団体《だんたい》と、シングルマザーの家庭などに食料の配布《はいふ》を行うＮＰＯ法人「フードバンク渋《しぶ》谷《や》」と連携《れんけい》して、自分たちで育てた米や野菜、イチゴ、自分たちでつくったみそを届《とど》けています。フードバンクなどでは缶詰《かんづめ》やレトルトが多くなるので、新鮮《しんせん》な野菜はとても喜《よろこ》ばれています。

コーヒーかすを生かした堆肥《たいひ》と培養土《ばいようど》

都市でも循環型《じゅんかんかた》の農業

畑には飲料メーカーから出るコーヒーかすやお茶の出しがらなどを発酵《はっこう》させてつくった堆肥《たいひ》を入れて、農薬や化学肥料《ひりょう》を使わない循環型《じゅんかんがた》の農法で野菜を栽《せい》培《ばい》しています。また、コーヒーかすをゴミにしたくない都内のコーヒー店とコーヒーかすを使った堆肥や培養土《ばいようど》もつくりました。

（写真提供:アーバンファーマーズクラブ）

診療所《しんりょうじょ》の跡地《あとち》で食べられるものを育てる

ぬましん跡地《あとち》に立つ工藤《くどう》さん。

スナップエンドウの苗を植える桃《もも》田さん。

東京都中野区に70年以上の歴史《れきし》を持つ「江古田《えこだ》沼袋診療所《ぬまぶくろしんりょうじょ》」があります。1950年に地域《ちいき》の人たちによって設立《せつりつ》され、「ぬましん」と呼《よ》ばれて親しまれています。その近くの住宅地《じゅうたくち》の中に「ぬましん跡地《あとち》」があります。そこでは、診療所の友の会の桃田美代子《ももたみよこ》さんたちと診療所に勤《つと》める看護師《かんごし》の工《く》藤綾子《どうあやこ》さんたちが、10種類以上の作物を育てています。そのときどきに収穫《しゅうかく》できた作物は、診療所や友の会の仲間たちと分け合って食べています。

●苦情《くじょう》が出る空き地からみんなの畑に

ぬましん跡地《あとち》は、2011年に診療所《しんりょうじょ》の建《た》て替《か》えのために建物を壊《こわ》して更地《さらち》になったところです。診療所はすぐ近くに移転《いてん》することになり、空き地になったために草が伸《の》び放題《ほうだい》になって、近所から苦情《くじょう》が寄《よ》せられました。そこで、桃田《ももた》さんたちが草を刈《か》って菜の花の種をまきました。当初は花を植えていましたが、工藤《くどう》さんは食べられる作物も植え始め、今では収穫《しゅうかく》を心待ちにする人がいる畑になりました。

秋のイチゴ（冬を越して春に実がなる）とまわりに生えるハコベ（上）。大根（下左）。アスパラガスの近くにはつくしも育っています（下右）。

「たくさんはできませんが、身近な人たちと分け合えるのがいい」と工藤さんはいいます。

●植えていないものも大事にいただく

ぬましん跡地《あとち》では、それぞれができるときに作業をして、かき菜、大根、ニンジン、ゴボウ、フキ、アスパラガス、モロヘイヤ、菊芋《きくいも》、ミョウガ、ゴマ、落花生、ビワ、ミカン、ブルーベリーなど、多くの作物を栽培《さいばい》しています。それ以外に、いつの間にか生えている植物もあります。つくしが育っていたり、ハコベが茂《しげ》っていたり。これらも、おいしくいただきます。

●生き物が集まる畑

ぬましん跡地《あとち》では、深く耕《たがや》さず、草取りもしない自然農法で栽培《さいばい》しています。化学肥料《ひりょう》や農薬は使わず、自宅《じたく》のコンポストでつくった堆肥《たいひ》や米ぬかを持ってきてくれる人がいて、それらを畑に入れています。種は買うこともありますが、自分たちで種を取って次の年にまきます。土の保温《ほおん》や保《ほ》湿《しつ》には、ビニールシートの代わりに枯草《かれくさ》を被《かぶ》せています。桃田《ももた》さんは「はじめは虫もいなかった」と振《ふ》り返《かえ》りますが、今では土の状態《じょうたい》をよくしてくれるミミズや受粉《じゅふん》をして野菜を実らせてくれるハチやチョウも集まってきています。

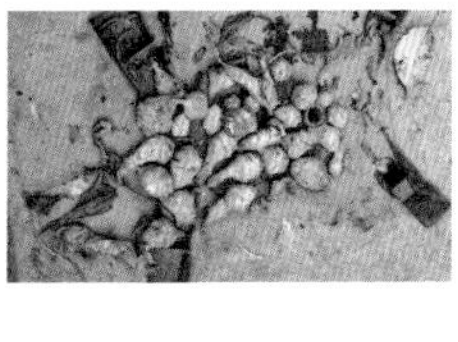

もらった菊芋《きくいも》は土に埋《う》めておいたら大きく育って、たくさん収穫《しゅうかく》できました（左上）。おいしくて、みんなから「もっと欲《ほ》しい」と大人気でした。右は工藤《くどう》さんが油であえてナムルにした菊芋です。収穫した菊芋から来年の種芋《たねいも》用に少し残してあります（左下）。

（写真提供:工藤綾子、一部をのぞく）

食べる人が都市の農地を増《ふ》やす

生活クラブ神奈川は、2018 年に横浜《よこはま》市泉《いずみ》区に「みんなの農園」をオープンしました。はじめは20区画程度《ていど》でしたが、参加を希望する人が多くて2022年現在《げんざい》、2180平方メートルの畑で約50組の参加者が野菜を育てています。

神奈川県横浜市《よこはま》にある「みんなの農園」。
農園を始めるとき、最初にみんなで鶏糞《けいふん》と牛糞《ぎゅうふん》をまきました。

●生活者の共同組合と生産者の協同組合の出会いから生まれた農園

生活クラブ神奈川は、生活クラブ生協の一つです。横浜《よこはま》市に残る農地が年々減《ねんねんへ》ってきていることから、地元の農業協同組合（農協）と、「横浜《よこはま》の持続可能《かのう》な農業を作っていくための共同研究会」を2017年に始めました。話し合いを重ねて、2018年9月から、農協の組合員の地主さんから畑を借りて、生活クラブの組合員が野菜を育てる農園を始めました。生活者の協同組合と、生産者の協同組合の2つの協同組合が出会って生まれた農園です。

【ことば】**生活協同組合（生協）**

生活協同組合とは、ほしい品物やサービスを実現《じつげん》するために一人ひとりが出資《しゅっし》して（お金を出して）組合員となり、みんなで運営《うんえい》し、利用するしくみのことです。日本には約 560 の生協があります。英語の頭文字 CO-OP から、「コープ」とも呼《よ》ばれています。

生活クラブ生協は 1965 年に牛乳《ぎゅうにゅう》の共同購入《こうにゅう》からはじまりました。共同購入で一定の量を継続《けいぞく》して買うことで、組合員と生産者との持続的な関係を築《きず》いています。

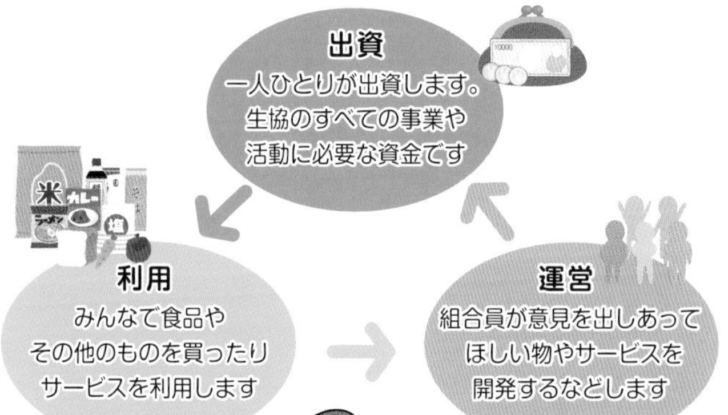

●農薬や化学肥料《ひりょう》は使わない畑

みんなの農園では、横浜《よこはま》市内に持続可能《かのう》な農業をつくることに賛同《さんどう》した生活クラブの組合員が集まり、みんなで一緒《いっしょ》に自分で食べる野菜をつくっています。生活クラブと提携《ていけい》して野菜を供給《きょうきゅう》していた農家が「農場長」になって、農業指導《しどう》を行っています。基本的《きほんてき》に農薬や化学肥料《ひりょう》は使いません。小さい子どもが土や野菜に触《ふ》れても安心なので、家族連れで参加する人がたくさんいます。

みんなの農園では、長い畝《うね》をつくって作物を育てます。畝づくりなどの作業は参加者が共同して行います。

●みんなで農園を守る

畑に集まった人は全員生活クラブ生協の組合員ですが、知らない人同士《どうし》です。でも、栽培《さいばい》を担当《たんとう》する区画がとなりになると、自然となかよくなります。また、みんなの農園では、土を覆《おお》うシートやネットを張《は》る作業を共同で行うので、みんなで農園を守るという意識《いしき》が高まります。

多くの人が週末にしか行けないので、一度にたくさんの野菜を収穫《しゅうかく》することもあります。そこで、畑の野菜を近くの子ども食堂《しょくどう》で使ってもらうために取りまとめる人が出てきたり、農園の中でいろいろな活動も生まれています。

サツマイモを掘《ほ》って、石焼芋《いしやきいも》をしてみんなで食べるイベントも開催《かいさい》しました。

（写真提供:生活クラブ神奈川）

みんなの農園では、最初のころはあまり野菜が育ちませんでしたが、堆肥《たいひ》を入れるなどして、土づくりをしてきました。その結果、だんだん立派《りっぱ》な野菜がたくさん収穫《しゅうかく》できるようになりました。生活クラブ神奈川は、横浜市《よこはまし》の中にみんなの農園をあと5か所つくりたいと考えています。

出荷用に準備《じゅんび》した野菜（上）。生活クラブのお店で、「みんなの農園」産の野菜として販売《はんばい》されています（下）。

●もっと畑を広げて本格的《ほんかくてき》な農業を

2022年には近くの畑を新たに借りて、第２のみんなの農園が誕生《たんじょう》しました。参加者の中には５年の間に農業技術《ぎじゅつ》を身につけて、将来《しょうらい》農業に従事《じゅうじ》したいという人も出てきました。第２の農園では、そんな人が本格《ほんかく》的な野菜の栽培《さいばい》に挑戦《ちょうせん》しています。

2022年は、ダイコン、コマツナ、ホウレンソウなど、収穫《しゅうかく》した野菜を近くの生活クラブのお店数軒《すうけん》に出荷しました。生活クラブでは野菜の残留《ざんりゅう》農薬を国の基準《きじゅん》の 10分の１以下とするなど厳《きび》しい基準を定めていますが、それらをクリアしています。

生活クラブ神奈川は、畑で野菜づくりが上手くいくようになったら、農業法人を作って、本格的に農産物を生産したい と考えています。

調べてみよう

食料危機《きき》の問題は世界規模《きぼ》で起こっていることで、個人《こじん》の力ではどうにもならない面もあります。それと同時に、わたしたちが毎日食べている食べもののことでもあります。わたしたちは、生産、製造《せいぞう》・加工、流通、販売《はんばい》、消費《しょうひ》という食料システム（フードチェーン）の一部なのです。では、わたしたちの普段《ふだん》の生活の中にフードチェーンはどのような形で存在《そんざい》しているのでしょうか。身の回りにあるフードチェーンをさがしてみましょう。

また、自分自身とフードチェーンの関係も考えてみましょう。自分がよく食べるのはどこのお店で買ったどんなものか、また、お父さんやお母さん、知り合いの人がフードチェーンで働いていないか調べてみましょう。

●自分の家の近くで、食べ物をつくっている人がどこにいるか、調べてみよう

・身のまわりの人で食品にかんする仕事をしている人はいる？
　もしいたら、その人にどんな仕事か聞いてみよう。
・田んぼや畑は近くにある？
　畑では何を栽培《さいばい》している？　何種類分かるかな？
・漁港はある？
・食品加工（製造《せいぞう》）会社はある？

●自分が知っている食べものを売っている人（ところ）を探《さが》してみよう

食べものを売っているところ（食品小売り店）

・チェーンのスーパー、デパート、コンビニ、菓子店《かしてん》
・直売所、JA（農業協同組合）のお店
・専門店《せんもんてん》（青果店《せいかてん》、鮮魚店《せんぎょてん》）
・インターネット上の店

飲食店・惣菜店《そうざいてん》

・チェーンの飲食店
　ファミリーレストラン、ファストフード、カフェ、居酒屋《いざかや》（酒を飲むところ）
・チェーン店以外の飲食店
　食堂《しょくどう》、レストラン、カフェ、ラーメンや蕎麦《そば》などの専門の飲食店、居酒屋
・チェーンのテイクアウトの店
　ベーカリー、弁当《べんとう》・惣菜店、菓子店
・チェーン店以外のテイクアウトのお店
　豆腐店《とうふてん》、ベーカリー、弁当・惣菜店、菓子店

●自分がよく食べるのはどんな食べものか、自分がよく買うお店はどこか考えよう

食べものを売っているお店の中で、自分がよく使うのはどこ？　なにを買って食べてる？
それはなぜかも考えてみよう。
「おいしいから」「近くにあるから」「安いから」
など、どんな理由か考えてみよう。

●フードチェーンで働いている人に話をきいてみよう

　家族や知り合いの人がフードチェーンで働いていないか調べてみよう。農家さんや漁師《りょうし》さんなどフードチェーンの最初の生産にかかわっている場合だけでなく、食品加工会社や、市場、農協や生協、飲食店、スーパー、惣菜店《そうざいてん》、給食センターで働いている場合や、肥料《ひりょう》会社や食品の輸送《ゆそう》にかかわる仕事の場合もあるでしょう。もし、知っている人が食料にかかわる仕事をしていたら、具体的にどんな仕事なのか、話をきいてみよう。

やってみよう

食料システムの中の一員として、食料危機《きき》に対してできることはなにか、考えてやってみましょう。まずは今の生活から食品を無駄《むだ》にしない工夫をしてみましょう。家の中やベランダ、庭で少しの野菜を育ててみるのもいいですね。コンポストで野菜くずから堆肥《たいひ》をつくれば、家の中で資《し》源《げん》の循環《じゅんかん》ができます。少しでもやってみると、いろいろな発見があるはずです。農業体験に行ったり、水田トラストなどに参加するなど、生産者さんとのつながりを持てるような活動について、お家の人と相談してみるのもいいですね。

●捨《す》ててしまう食べものを減《へ》らす

食生活を見直してみると、食べきれないで捨《す》ててしまったり、消費期限《しょうひきげん》が切れてしまったり、思った以上に食品を無駄《むだ》にしているものです。お店での廃棄《はいき》を減《へ》らすには、消費期限の近いものから買うことも効果《こうか》があります。

・買った食品の消費期限を気にする
・賞味《しょうみ》期限や消費期限の近いものを買う（店頭に並《なら》んでいる商品を手前から取る）

●無駄《むだ》を減《へ》らす

野菜の皮をむくと生ごみが多くなります。よく洗《あら》って（野菜用のタワシもあります）皮ごと食べると、無駄《むだ》にする部分が減《へ》ります。それでも出る野菜くずはコンポストで堆肥《たいひ》にできます。

・野菜の皮をむかずによく洗って食べる
・野菜くずで堆肥をつくる
　専用《せんよう》の容器《ようき》と素材《そざい》を使ったり、庭に穴《あな》を掘《ほ》って埋《う》めるなどします。

●保存食《ほぞんしょく》をつくる

野菜や果物は干《ほ》したり、漬物《つけもの》にすると保存《ほぞん》ができます。食べきれなかった分や旬《しゅん》のおいしさを閉《と》じ込《こ》めて無駄《むだ》なく食べられます。

・干し野菜をつくる
　乾《かわ》きやすいように野菜を切って、風通しのいいところでざるや干しかごで干します。うまみも凝縮《ぎょうしゅく》された保存食になります。
・ピクルスをつくる
　煮沸消毒《しゃふつしょうどく》した容器《ようき》に切った野菜とつけ汁《じる》（水、酢《す》、砂糖《さとう》、唐辛子《とうがらし》、コショウなどを煮立《にた》てて冷まします）とともに入れてつくります。
・はちみつ漬《づ》けをつくる
　くだものをスライスして入れた容器をはちみつで満たします。

●部屋の中で野菜を育てる

野菜の切れ端《はし》などを水につけておくと、葉がのびてもう一度食べられます。薬味に使う野菜やハーブ、種から芽《め》が出たところを食べるスプラウトなどは、少量なので部屋の中でも育てることができます。

・野菜の切れ端を育てる

豆苗《とうみょう》の根の部分やニンジンやダイコンの葉が出ているところ、レタスの付け根などを水につけて直射《ちょくしゃ》日光の当たらない日当たりのよいところにおいておくと、数日で芽が出たり、葉っぱが成長してもう一度食べられます。

・薬味などを室内で育てる

小さな植木鉢《うえきばち》や紙コップやペットボトルに土を入れて、ネギやハーブ、スプラウトなどの種をまきます。直射日光のあたらない日当たりのよいところにおき、毎日霧吹《きりふ》きで水をやります。芽が出てきたら、必要な分だけとって食べられます。

(イラスト作画協力:平岡恒二)

●袋栽培《ふくろさいばい》やプランターで野菜を栽培する

もう少し本格的《ほんかくてき》に野菜を育ててみよう、という場合は、袋《ふくろ》やプランターで野菜づくりに挑戦《ちょうせん》してみましょう。プランターでゴーヤなどのグリーンカーテンを作ったことがあるかもしれませんね。野菜栽培《さいばい》用《よう》の袋を使うと、プランターより深いので、ジャガイモやサツマイモなども育てることができます。

●食料をつくっている人と知り合いになる

お家の人と相談して、水田トラストやCSA(地域支援型農業)などに参加して、生産者さんと知り合いになって、野菜を食べたり、農業体験をするなど継続してかかわっていくと、今の食料システムとはちがった生産者と消費者の関係を築くことができます。

市民農園などに参加して、自分の食べる野菜をつくるのもいいですね。

あとがき

なにをお皿に載《の》せていますか

国谷裕子《くにやひろこ》

地球環境《かんきょう》になにか良いことをしたいけれど、どうしていいのかわからないから教えてほしいと言われることが少なくありません。でも、特別の知識《ちしき》を持たなくても一人一人が地球と人間の健康に貢献《こうけん》できることがあります。それはわたしたちが毎日、なにを食べるのか、どのようにつくられたものを食べるのか、その選択《せんたく》です。

この本は地球の健康に良い食事法の紹介《しょうかい》からスタートしています。その食事は、肉など動物性《どうぶつせい》食品の食べる量を減《へ》らすことで、地球への負担《ふたん》をかけずに人間が食べる穀物《こくもつ》の生産が増《ふ》え、より多くの人々《ひとびと》の健康も保《たも》てるとしています。動物性の食材を半分に減らし、植《しょく》物性《ぶつせい》のものを2倍お皿に載《の》せるだけで地球の健康が大きく改善《かいぜん》されるのです。しかし、言うは易《やす》く行うは難《かた》し。食べたいものをお腹《なか》いっぱい食べたいという食欲《しょくよく》に関わることだけに、実際《じっさい》に行動につなげていくのは容易《ようい》ではありません。人の健康への影響《えいきょう》や地球環境への負荷など動物性食品の課題がさまざまに指摘《してき》されるなかでも、肉類の消費《しょうひ》は増え続けています。この問題だけ捉《とら》えても、求められる食料システムの改革《かいかく》は一筋縄《ひとすじなわ》ではいかないのですが、この本を読んだ人たちが一歩を踏《ふ》み出《だ》すことを期待しています。

農薬や化学肥料《ひりょう》に頼《たよ》らずに農作物を生産し、土壌《どじょう》の微生物《びせいぶつ》の力を活用して土壌が二酸《にさん》化炭素《かたんそ》を蓄《たくわ》える能力《のうりょく》を高めることができるとして、有機栽培《さいばい》を広げようという動きが世界中で活発になってきました。地球に負担をかけない農業というばかりでなく、自然の力を活用した地球温暖化《おんだんか》対策《たいさく》として注目されているのです。

この本には有機農業を実践《じっせん》する日本各地の取り組みが紹介され、そこには持続可能《かのう》な農業に惹《ひ》かれて移《うつ》り住む若者《わかもの》たちと地域《ちいき》づくりに挑《いど》む地元の人々の姿《すがた》も描《えが》かれています。農業従事者《じゅうじしゃ》の減少《げんしょう》や高齢化《こうれいか》が進むなか、より魅《み》力的《りょくてき》な農業のあり方を問いかけています。

従来《じゅうらい》の農薬や化学肥料を使ってつくられる慣行《かんこう》栽培から、地球に負担をかけない有機栽培への転換《てんかん》をいかに加速していけるのか。労力がかかる、まだ生産量が少ないなどのため、有機栽培農産物は価格《かかく》が高いことが普及《ふきゅう》にとって大きな壁《かべ》になっています。確実《かくじつ》な販路《はんろ》の確保《かくほ》が有機農産物の生産を伸《の》ばす重要な要《よう》素《そ》で、その大きな鍵《かぎ》となるのが学校給食です。この本では韓国《かんこく》の例が丁寧《ていねい》に紹介されていますが、フランスでも自治体など公共団体《こうきょうだんたい》が提《てい》供《きょう》する学校給食、病院や介護施設《かいごしせつ》での食事の20％を有機農産物・食品にすることを義務《ぎむ》化しています。すでに学校給食全体では2021年に有機農産物・食品の利用率《りようりつ》が30％、幼《よう》稚園《ちえん》や小学校では40％に達しています。次世代を担《にな》う子どもたちの健康と地球の健康を守ろうという大人たちの想いが学校給食を通して見えてきます。有機栽培の割合《わりあい》が農地全体の0.6％にとどまっている日本において、こうした海外の例も有機栽培を伸ばす大きなヒントになるのではないかと思います。

最後に、国際《こくさい》環境ＮＧＯ世界資源《しげん》研究所のクレイグ・ハンソンさんがわたしに伝えてくれた言葉を紹介します。

「消費者《しょうひしゃ》がなにを買い、なにをお皿に盛《も》り、それを全部食べるかどうかが食料システムにシグナルを送り、システム全体を動かす大きな原動力となる」。

さくいん

監修：国谷裕子（くにや・ひろこ）
キャスター。FAO（国連食糧農業機関）日本担当親善大使。大阪府生まれ。米ブラウン大学卒業。
1981年NHK「7時のニュース」英語放送の翻訳・アナウンスを担当、報道の世界へ。NHK衛星「ワールドニュース」キャスターを経て、93年から2016年までNHK総合「クローズアップ現代」のキャスターを務め、広く共感を呼ぶ。その後、SDGsについて取材活動を続け、広く理解をしてもらう様々な活動を行っている。11年に日本記者クラブ賞、16年ギャラクシー賞特別賞などを受賞。
著書に『キャスターという仕事』（岩波書店）、監訳『HOPE』（ダイヤモンド社）があるほか、『国谷裕子と考えるSDGsがわかる本』『国谷裕子とチャレンジ！未来のためのSDGs』（全4巻）『国谷裕子と考える気候危機と脱炭素社会』（以上文溪堂）の監修も手がける。

装幀
村口敬太（Linon）

本文レイアウト
Noside

文・構成
市川はるみ

イラスト・漫画・図版・キャラクターデザイン
松島りつこ　Yamamoto Yukiko　板垣真誠　yuyuja

編集協力
西戸山学

企画・編集・制作
キックオフプラス（小松亮一　すずきしのぶ）

写真提供
カバー・表紙
上：いすみ市、左下：平田牧場、右下：プロ農夢花巻

国谷裕子と考えるSDGsと食料危機

❸身近な地域から取り組む食料問題

2023年3月　初版第1刷発行
監修者　国谷裕子
発行者　水谷泰三
発行所　株式会社**文溪堂**

〒112-8635　東京都文京区大塚3-16-12
TEL　営業（03）5976-1515　編集（03）5976-1511
ホームページ　https://www.bunkei.co.jp

印刷・製本　図書印刷株式会社
落丁本・乱丁本はおとりかえいたします。定価はカバーに表示してあります。

ISBN978-4-7999-0492-3　NDC611　48p　293 × 215mm